Essential Oils vs. Star Signs

精油與星座

蕭秀琴◎著

by Gin Ciao

目錄　　　　精油與星座

窺看星座與芳香療法的堂奧

　　古文明醫學的觀點認為，人和宇宙之間息息相關，大自然中的一切，都可能影響我們的身心平衡，當然占星學與芳香精油也不例外。

　　自古人類觀察日月星辰的變化，發現星體對我們身心的影響其實頗大，在醫學上目前亦有部分的實證，例如，日照與憂鬱症的關連、月亮的盈虧，與女性生理週期的變化，在在都指出現代人應該以更理性更科學的角度來看待占星學，不可諱言，占星學在性格特質上的統計價值是不應該被任何理由所抹滅。例如，宗教因素，中國人的傳統醫學觀也認為出生的節令也會影響一個人五臟六腑的強弱與平衡，進而決定健康的狀態，所以客觀的了解與運用占星學，相信可以幫助我們更能瞭解自己的身心狀態。

　　莎士比亞曾寫下：「玫瑰不叫玫瑰，依然芬芳美麗。」馨香的氣息，真的能在心裡的深處留下難以言喻的美。或許，使用芳香精油是一門醫藥科學，除此之外，我更相信它是一門靈性藝術，能夠帶給人們靈魂更開闊的深度。當然，在實質上，利用精油的陰陽屬性、化學成份分析、歸經導向，是能夠輔助主流醫學的不足；這是不容忽視的一面。

　　越來越多的人了解與使用芳香療法在生活的各層面，也有

越來越多的人在研究芳香療法。在中國人們將藥材依陰陽五行分類，利用藥物的偏性來矯正病患身心的失衡，精油是由植物所提煉萃取而來，自然也符合這個原理。

本書結合這二種既古老又現代的二種學問，嘗試以不同的角度來解釋傳統的占星學以及芳香療法，少了一些沉重的包袱與迷思，提供了不同於坊間書籍的看法跟見解；也許能激發讀者更多見仁見智的看法，對於這二種學問，長期來說：是一件令人樂見的好事。

相信書中關於精油的一些故事及配方，能讓人在運用精油之餘，更添加了趣味性與創造性。

或許你對星座、占星學、精油、芳香療法都一知半解，亦或是箇中翹楚，不論是那一種，你都可以和我一樣，嘗試去了解其中美麗之處。畢竟，不入廟堂，焉知廟堂之美。這是一本值得一讀的好書，更對身心的保健有益，也希望能有更多人因本書而受惠。

洪逸雲

（本文作者為中醫師，對中醫、針灸、經絡推拿，以及芳香療法皆有研究）

如何看待星座和精油之間的關係

　　現在，星座又和精油扯上關係了，這又讓許多人百思不解，甚至當作娛樂來看。是啊！就像我一樣，玩了二十年音樂，中間又做了十年星座魔法師，裡面還夾雜著密宗修行，有太多人問我，星座／音樂／密宗修行，這三者到底有甚麼關係，為甚麼到後來，我在這三個艱深難懂的領域穿梭著，沒有任何障礙。同樣地，精油和星座有甚麼關係？這也未免太牽強了，為甚麼這兩個各行其是的專業領域，在這本書裡，好像一對姐妹一樣，沒有任何隔閡？令人驚嘆的是，秀琴在本書中揮灑自如，維持她天秤座一貫優雅而客觀的陳述方式，巧妙地將星座和精油聯結在一起，想來秀琴應該有她別具一格的想法，因為這本書就像一本小百科，看起來實用，但讀起來又像一本文學創作，實在是一本耐人尋味的書。

　　去年的一個巧合，讓我體驗到精油的獨到之處，也讓我對於芳療法產生嚮往和興趣，精油絕對不是只有讓人放鬆而已，透過芳療師獨到的見解，也真的能達到讓一個人的心靈充滿喜悅和美好，讓我體會到人類智慧的不可思議。

　　如何看待星座和精油之間的關係呢？

　　稍懂星座的人就會理解，一個人的個性甚至命運，絕對不會只繫在一個星座上，那個所謂「妳／你的星座」，也只不過是你出生時

的太陽星座，充其量也只佔你個性的百分三十而已，還有月亮、水星、金星、火星、木星、土星、天王星、海王星、冥王星、南北交點……等，都須考慮進去，才能看出一個人個性的全然。說到這，我想十個有九個人要對星座打退堂鼓，但沒關係，現在有太多書，深入淺出，就算不懂十分，能抓個三五分也不錯。所以看這本書的時候，只要掌握一個要領就可以了：「如果一個人不只一個星座，那麼適合你的精油也就不會只有一種，如果你的個性裡有五個星座，那麼，適合你的精油也就會有五種以上。」

嚴格來說，每個人都同時具備了十二星座，只是輕重比例不同而已。所以呢，你也不會只適用一種星座精油，而是透過自己的星座比例，找到屬於自己的獨特精油配方，當然如果

有一個芳療師，同時也懂得占星學，那麼他（她）一定會讓所調配的精油配方在你身上發揮到淋漓盡致。

占星學美的地方，就在於它在告訴你，你是這個宇宙唯一而獨立的個體，但同時你又和這個世界有著微妙的關聯，又是宇宙的一員，沒有任何的衝突。

所以一切都必須回歸到心靈世界，唯有心靈世界才能充分展現出人類驚人的包容力和無遠弗屆的想像空間。也就是說，當你試著瞭解精油的同時，也理解到星座的圖騰意涵，那麼你的心靈世界在不知不覺中，又往前跨進了一大步。不用懷疑，這本書就是有這麼強烈而深遠的力量。

徐清原

（本文作者為專業占星師、音樂製作人，
以及詞曲創作者）

有位醫生與我們在一起，世界上沒有一位醫生的外科手術技能可以比得過他。他看好了時辰，在吉星高照之時爲病人診治，原來他有深厚的占星學能力。

　　　　　　　　　　　　　　　　　　　── 《坎特伯里故事集》

　　星座與精油有什麼關係？這個大哉問或許是每位翻開這本書的讀者最想問的問題。回答這個問題之前，我想先提出一個問題；你對「我是誰」、「我會爲什麼是現在的我」有興趣嗎？如果答案是肯定的，我想你就可以繼續將這本書看下去，而我也可以試著解釋星座與精油有什麼關係。

　　星座（Sign）是占星學（Astrology）這門學問裡的最重要的名詞，也是大家最耳熟能詳的一個辭彙，甚至在日常生活中經常用到，例如，你龜毛到像個處女座。在這本書裡所講的星座是指太陽（sun）在十二星座的哪一個位置，因爲在占星學中有十二個星座，依次序是牡羊座（Aries）、金牛座（Taurus）、雙子座（Gemini）、巨蟹座（Cancer）、獅子座（Leo）、處女座（Virgo）、天秤座（Libra）、天蠍座（Scorpio）、射手座（Sagittarius）、魔羯座（Capricorn）、水瓶座（Aquarius）、雙魚座（Pisces），十二星座代表了人的十二種性格的基本原型，意思是人一出生就有一個獨一無二的位置，來代表你的性格與天賦。

十顆行星(Planets)——太陽、月亮（moon）、水星（Mercury）、金星（Venus）、火星（Mars）、木星（Jupiter）、土星（Saturn）、天王星（Urauns）、海王星（Neptune）、冥王星（Pluto）——代表著組成人的各個不同部分，有肉體的、心理的，以及靈魂（精神上的）。太陽星座代表著生命力以及70%的「你是誰」；一般來說，就是別人看到的你。

王子的童年將平安度過，因為金星處在有力的位置上；儘管水星的位置欠佳，會使王子在出生後第二年染上小病，但會有驚無險，並不嚴重。從十二歲起王子將染上因為黑膽汁（blackbile）而引發的疾病。——《第谷的生命與時間》（The Life and Times of Tycho Brahe by John Allen Gad）

占星學這一門玄祕學在天文學、科學尚未昌盛的年代，就已被運用得很廣泛，並且與醫學、植物學交互運用在生命科學裡。在上面一段十七世紀最重要的天文學家第谷為丹麥小王子做的預測中，就可以理解當時的天文學家也要扮演占星師的角色。

如果說星座可以描寫人的性格與樣貌，那麼精油（Essential Oil）就是體現植物精華最好的解釋。自然療法中的芳香療法（Aromatherapy）以精油為核心，將植物作用在人體的方式表現得淋漓盡致。

在醫生也是藥草學家的年代，醫生要懂得如何運用有「藥性」的植物，換句話說，植物的特質、使用的方法，是根部還是葉子或是花果，都是他們研究的範圍。而精油就是從植物的根部、花、果、葉子，或是莖（樹

皮）萃取出的植物精華，以芳香療法的方式運用在人體上。

　　本書運用了占星學中每個星座相應於身體的部位，以及每個太陽星座容易患的健康問題，來說明不同的植物精油可以運用哪一種方式來使用在身體上。換句話說，如果你不是金牛座，在吃了太多東西消化不良時，還是可以用薑精油來按摩腹部，幫助消化。

　　舉這個例子，也可以進一步說明每個星座與行星的特質，以及所表現出來的樣貌；每個星座都有它的定位星，金牛座的定位星金星代表一個人之所以為人，能夠在這世上享樂的那一部份。我們愛美、享受美食，盡情於人世間的歡愉，都與你的金星長得好不好有關；而被金星主宰的金牛座與天秤座，在愛美、享樂，或者展現才藝上，一般而言，相較於其他星座會有更獨特的表現，或者說專長。

　　提到星座的特質，也要說明精油的特性。從陰陽學的角度來看，凡事都有陰陽二面，精油當然不例外。這本書也是以精油植物的陰陽性，配合星座的陰陽特質、人體器官的陰陽屬性，來解釋為什麼這款精油適宜那一個星座，更進一步解釋了星座的特質。

　　在前言中，我以比較簡單的方式，解釋書中的一些專有名詞，讓讀者可以一目瞭然，但是想更進一步了解或享受星座與精油的奧妙有趣，還是得自己親自去體驗書中提供的小故事、神話故事的精神，以及我提供的配方，和在你使用時的感受。

　　主宰行星（**Planet**）：每個星座都有自己的行星主人，亦即行星落入自己的星座就好像回到家一般，最能表現出行星的影響力。而星座也是最能表現主宰行星特質的地方。

三方（Quality）：占星學說明人生場景的地方就是十二宮（House），每一個宮位說明人生會經歷的不同場所；這是所謂的後天環境。相應於先天的星座亦同，十二星座也分成三種不同特質的星座；因此，十二宮與十二星座以特質來分——基本宮（Cardinal）、固定宮（Fixed），以及轉動宮（Mutable）。

第一、四、七、十宮與牡羊、巨蟹、天秤、魔羯座稱為基本宮，是你人生事件的緣起；屬於領導性質。

第二、五、八、十一宮與金牛、獅子、天蠍、水瓶座稱為固定宮，是穩固、確定的位置，屬於堅定的特質。

第三、六、九、十二與雙子、處女、射手、雙魚座稱為轉動宮，是事件的結論，也是變動的開始，屬於變動的特質。

四正（Element）：心理學家榮格將四種心理特質與四種特質的星座對應，將星座分為火（fire）、土（earth）、風（air）、水（water）四種類型。

牡羊、獅子、射手是火象星座，代表積極、主動的特質。

金牛、處女、魔羯是土象星座，代表穩固、堅持的特質。

雙子、天秤、水瓶是風向特質，代表流動、溝通的特質。

巨蟹、天蠍、雙魚是水向特質，代表包容、感受的特質。

角色（Character）：以實際的人生角色來說明星座的屬性。讓讀者有更具體的理解。

文學表述（Narrative）：以散文、詩、或一首歌，隱喻每個星座的質地，將抽象的星座意含，具體表現。

希臘神話（Greece Myth）：簡述每個星座的神話原型，更深一層的理解星座的表述。

相應精油（Signature Oil）：以精油的特質來說明星座在人體的表現，也以星座來闡述精油的特質。

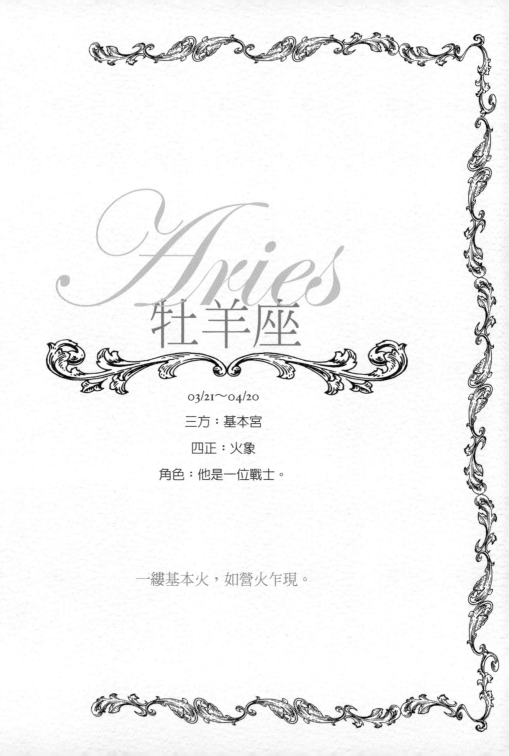

Aries
牡羊座

03/21～04/20

三方：基本宮

四正：火象

角色：他是一位戰士。

一縷基本火，如營火乍現。

象徵 *Symbol*

日期 *Date*

03/21～04/20

每年的春分在三月二十一日，也就是星曆的新年。

主宰行星 *Planet*

戰神阿瑞斯。
資料來源：Bloomberg.TEJ

火星（Mars，馬爾斯）。 羅馬神話裡的戰神馬爾斯，也是希臘神話的阿瑞斯（Ares），他是維納斯（Venus）的情人。拉丁文的「三月」和「星期二」都與火星有關。

Day of the Mars（火星日），這一天是為了紀念北歐神話裡的戰神「Tyr」，Tyr的名字寫作Tiw。Tiwesdoeg的意思是Tiw's day（戰神日），他的名字是拉丁語dies Martis（即day of Mars）而來。

文學表述 *Narrative*

From every region of AEgea's shore
來自愛情海岸的國度，

The brave assembled; those illustrious twins
勇者＊齊聚一堂；其中有大無畏的雙胞胎

Castor and Pollux; Orpheus, tuneful bard;
卡斯特與波爾克斯＊，語調優美的吟遊詩人奧費斯＊

Zetes and Calais, as the wind in speed;
澤特斯和卡萊斯，一如狂野的風

Strong Hercules and many a chief renowned.
強壯的海格力斯和許多名聲遠播的首領。

On deep Colchis' sandy shore they thronged,
大隊人馬深入柯爾喀斯海岸，

Gleaming in armour , ardent of exploits;
盔甲閃閃發光，勇氣燃燒著；

And soon, the laurel cord and the huge stone
很快地，桂冠和巨石

Uplifting to the deck, unmoored the bark;
在甲板上裝飾好，拔錨聲沸騰；

Whose keel of wondrous length the skilful hand
熟練的手升起令人驚奇的龍骨

Of Argus fashioned for the proud attempt;

＊勇者：指希臘著名的英雄海格力斯（Hercules）與西修斯（Theseus）都參與傑生（Jason）的阿果戈號（Argo）奪取「金羊毛」（Golden Fleece，亦即牡羊座的原型的那隻羊的羊毛）之旅。

＊卡斯特與波爾克斯：他們是斯巴達皇后麗姐（Leda）和斯巴達國王以及宙斯（Zeus）所生的雙生子各之一，卡斯特是斯巴達國王的孩子，一個普通的凡人，波爾克斯遺傳宙斯的神性，變得不朽，所以具有神的能力。但這兩個孩子非常要好，他們也是雙子座的原型。

＊奧費斯：傳說他的嗓音可以打動野獸、樹木，甚至無生命的石頭也能被他的音樂感染。

*阿果戈號英雄：Argus
是希臘神話中的百眼
巨人，引申為「機警
的看守者」，在這裡指
阿果戈號的英雄。

*凱龍：半人半馬的凱
龍，是克羅納斯
（Ｋｒｏｎｏｓ）和海妖
（Philyra）所生，天生
具有治療的藝術。

阿果戈號英雄*為了光榮的功勳

And in the extended keel a lofty mast

龍骨延展桅杆高聳

Upraised, and sails full swelling; to the chiefs

舉起的，風帆漲滿；諸位領主

Unwonted objects. Now first, now they learned

不尋常的眾志一心，現在首要任務，現在他們認識到

Their bolder steerage over ocean wave,

他們的大無謂精神超越海洋浪濤

Led by the golden stars, as Chiron's art

在金色光芒的引領下，一如凱龍*的藝術

Had marked the sphere celestial,

航向受矚目的領地

Note
註記

約翰‧戴爾是十八世紀英國威爾斯地區的詩人，一七五七年發表的＜金羊毛＞是
他最重要的作品，以無韻詩的形式描述金羊毛的神話故事，是英詩中很重要的神
話史詩，經常被拿來當英語教材。

阿果戈號的故事經常被拍成電影或製作卡通節目，這首詩人詠嘆阿果戈號的英雄
行徑，以無韻詩的形式表現，將希臘神話中的人物、以及希臘史詩《奧德賽》中
的英雄人物，一一寫入詩中。

可說是結合神話與史詩的現代詩。

希臘神話 Greek Mythology

有個國王阿泰姆斯（Athamus）與妻子妮費蕾（Nephele）生有一男一女。

阿泰姆斯移情別戀底比斯國王的女兒伊娜（Ino）並與她結婚。伊娜並不喜歡妮費蕾的兩個孩子，並想讓他們消失，她想到讓國王的領土都無法長出穀物，國王一定會請示神諭，以便處理農作欠收、全國陷入饑荒的景象。

國王派人前往神殿請示神諭，伊娜買通祭司，宣稱災禍將來自

＜麗達與天鵝＞，1570-75年，丁多列拖畫作，現藏於烏菲茲美術館。

妮費蕾的兩個孩子，必須將他們當成祭品祭神，才能解除咒詛。妮費蕾得知消息向天神禱告，天帝宙斯（Zeus）派信使賀密斯（Hermes）命一隻金羊前往幫忙，當兄妹倆被帶到祭壇時，這隻金羊從天而降的將兩人擄走。

金羊帶著兄妹倆飛過歐亞交界的達達尼爾海峽時，妹妹不慎掉入海中溺斃，金羊繼續帶著哥哥來到黑海的柯爾喀斯國。哥哥為感謝天神伸出援手，於是將這隻金羊當成祭品獻給宙斯，而牠金色的羊毛則送給收留他的國王厄里提斯。

國王視它為寶物，為防止被人盜走將其放在森林裡的一棵樹上，並命令一隻會噴火的魔龍看守。據說這隻龍任何時間都是醒著的，所以要在牠手下偷走任何東西比登天還難，這就是金羊毛的由來。

宙斯的金羊就化作天上的牡羊座。

希臘時代的陶罐，以奪取金羊毛的故事為背景的繪圖。

Signature Oil 相應精油

那頭上兩只尖尖的角，老是橫衝直撞火氣未消；能量是充沛的卻也是盲目的。總是會有意外性的傷害，輕者臉上長痘子，重者頭痛、發燒，眼球紅腫，最嚴重的會中風。純然的也是最基本的陽性星座，有很好的爆發力卻沒有持續性；「耐心」要靠沈澱與累積才會得到。

In Spring 在春天～迷迭香 Rosemary～

陽性激勵性精油，是最早被拿來治偏頭痛的植物。很適合容易頭痛的牡羊，對激勵牡羊瞬間的爆發力有很好的作用。

In Summer 在夏天～綠薄荷 Spearmint～

陽中帶強烈的陰性精油，可癒合傷口，冷卻體溫。牡羊容易發燒，這一款精油對降溫有很好的效果，拿來泡澡要注意劑量，否則容易失溫。

In Autumn 在秋天～苦橙葉 Petitgrain～

陰性帶有清新味的精油，蒸餾自苦橙樹的細枝與葉。幾乎沒有人不能適應它的氣味，對緩和母羊的情緒有很好的效果。

In Winter 在冬天～甜橙 Orange～

柑橘類精油中的陰性精油，放鬆效果極佳。牡羊一聞到甜橙的氣味，火氣應該就消了一半。

Rosemary

迷迭香

記憶太鮮明，頭腦太清晰，是否好事一件？

丹麥皇宮裡血染四具屍體，悲哀的倖存者說書般地敘述幾個月前驚心動魄的謀殺案。老王神秘死去、弟弟繼承王位並娶了嫂子；年輕有為的王子哈姆雷特回國奔喪，痛不欲生。

復仇大計在身，卻不堪負荷的年輕王子，藉著瘋狂的愛上首相的女兒奧菲莉雅來遺忘國仇家恨，世故的首相阻止女兒和他來往。不顧一切的哈姆雷特卻在敵人面前對奧菲莉雅做出瘋狂的舉動。自此，宮廷中的人都知道王子為情發瘋。

王子真的發瘋了嗎？還是為了掩飾太強烈的情緒？

心懷鬼胎的首相利用小情人間的信任去試探王子的心，卻讓自己步上死亡之路，情人出走，父親猝死，讓善良的奧菲莉雅精神失常。一日，她在河邊採花唱歌，卻不慎墜入急湍中，溺水而亡。

在此，莎士比亞寫出廣為人知的經典名句：「迷迭香是為了幫助回憶，親愛的，請您牢記。」劇中的對白，清楚的描述出迷迭香的用途；也說明王子復仇之心。

Spring

特質

　　迷迭香的刺激味道，最能激勵常頭痛的牡羊座；雖是陽性精油，但揮發速度算快，且有樟腦味，對提振士氣頗有幫助。它在消化系統的功效自古即聲譽卓著；對神經系統的作用，則是可以發揮立即效果。因刺激性高，高血壓、孕婦，以及癲癇患者需小心使用。

配方 1

功用 幫助記憶力，增加勇氣
使用方式 薰香燈
材料與精油劑量
迷迭香4滴＋薄荷（*mint*）2滴
＋檸檬（*lemon*）2滴

───────────────

※也可使用薰香瓶隨身攜帶，唯劑量需減半。

配方 2

功用 消除頭痛、偏頭痛
使用方式 按摩（太陽穴或前額）
材料與精油劑量
甜杏仁油（*sweet almond oil*）10ml＋
迷迭香3滴＋尤加利（*eucalyptus*）2
滴＋甜橙1滴

───────────────

※消化系統引起的頭痛，加甜橙效果尤佳。

Spearmint

綠薄荷

天后希拉來到卡力斯托棲身的林地，不理睬卡力斯托的苦苦哀求，暗施法術，只一轉眼的工夫，天使般的卡力斯托永遠消失了，化做了一隻大熊。

可憐的卡力斯托欲哭無淚，她只有不停地哀號。光陰荏苒，十五年過去，她與宙斯的兒子小阿卡斯長成了年輕漂亮的小夥子，像他母親一樣，勇敢、堅定，成了一名出色的獵手。

一天，阿卡斯手持長槍，正在林中尋覓獵物。忽然一隻大熊緩緩向他走來，這隻熊就是卡力斯托。她認出了面前這個勇武的獵人正是自己十五年來朝思暮想的小阿卡斯，她激動地跑上前去要擁抱她的寶貝。

阿卡斯沒想到眼前的大熊竟是他失散了十五年的母親！見到一隻這麼大的熊向他撲來，興奮地向後一閃，舉起長矛，用盡全身力氣就要向大熊刺去。

眼看慘劇就要發生，此時正在天上巡行的宙斯看到這一幕，實在不忍心讓自己的兒子親手殺害他的母親。於是他略施神法，把阿卡斯變成了一隻小熊。這樣一來，小阿卡斯立刻就認出了媽媽。他親熱地跑向前去，偎靠在母親的懷裏，母子倆幸福地團聚。

綠薄荷的俗名是「Spear」，原指長槍、長茅的意思，就是阿卡斯手中拿的那一支長槍。的確，綠薄荷皺而尖的葉片，很像長茅。

Summer

特質

　　薄荷屬唇形科的精油，含酮量高對神經系統有很好的作用。它與胡椒薄荷（peppermint）是近親，刺激性強，嬰幼兒與孕婦不適用。

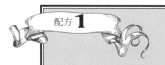

配方 1

功用 鎮靜神經系統

使用方式 泡澡

材料與精油劑量

熱水I缸水＋綠薄荷3滴＋檀香（sandalwood）3滴＋黑胡椒（black pepper）3滴

配方 2

功用 癒合傷口

使用方式 調製成藥膏塗抹

材料與精油劑量

乳膠I0ml＋綠薄荷2滴＋沒藥（myrrh）2滴＋薰衣草（lavender）I滴

Petitgrain

苦橙葉

小兵立大功向來是勵志故事不可少的角色，現代故事中最有名的是《阿甘正傳》，強調人生而平等的美國價值；阿甘有點弱智，憑藉良好的教養、不屈不撓的精神，可以當藍領工人，可以從越戰歸來，可以在競爭激烈的美國社會，建立一套自己的生存價值體系。

我常想在所有的精油萃取植物中，柑橘類植物就是這個價值的代表，一整株樹每個部分都有其萃取的價值，都會產生不同的效用；存在本身就是一項祝福的最好見證。

苦橙葉來自橙樹，被戲稱為「窮人的橙花」。它是苦橙、酸橙、塞維爾橙樹，甚至是橘子、甜橙的嫩枝葉萃取而來。

因為來自枝葉，所以味道厚重，香水業者喜歡用它更甚於橙花。因此法國南部的香水城，有一段時間以生產品質精良的苦橙葉著名；雖然味道不若花瓣精細，卻有樹葉質樸的特性。

最重要的是它也不具柑橘類精油的敏光作用，好像是被忽略的小人物很容易與人融合在一起。尤其幾乎沒有人不喜歡它的氣味，因為它不若橙花精油有苦味。

「Petit」細小的意思、「grain」指顆粒狀，因此它的名字有「小果實」的意思，因為在幾個世紀前，苦橙葉精油是萃取自未成熟的果實，果實小如黑莓果般，尚未成熟前就將它採收，以萃取精油。

特質

比起橙花精油便宜，又比橙精油適宜當作泡澡精油的苦橙葉，用途頗為廣泛，它有柑橘屬精油的所有特色；甚至有別於其他柑橘屬精油，有抑制皮脂分泌以及殺菌的功效，是很好的皮膚用油。

配方2

功用 安撫神經、助眠
使用方式 泡澡
材料與精油劑量
熱水1缸＋苦橙葉8滴＋薰衣草4滴

配方1

功用 治療頭皮屑
使用方式 調配成精油洗髮精，清洗及按摩頭皮
材料與精油劑量
洗髮精50ml＋苦橙葉10滴＋雪松（cedar）5滴

Orange

甜橙

"It is a truth universally acknowledged, that a single man in pos-session of a good fortune, must be in want of a wife"

《Pride and Prejudice》

「富有的單身漢必定渴望娶老婆,這是一件公認的真理。」

《傲慢與偏見》

哪個男人告訴我,他可以跟寫出這樣一句話的女人比機智。

這已經成了一條舉世公認的真理。這樣的單身漢,每逢新搬到一個地方,左鄰右舍雖然完全不了解他的性情如何……把他看作自己某一個女兒理所應得的一筆財產。」《傲慢與偏見》

珍奧斯汀只是想說一件事──最佳女主角只有一位,女孩們應該要認清這項事實──可是當大部分的女孩都認為自己是最佳女主角的時候,怎麼辦?

有沒有最佳女配角呢?最佳女配角又該以哪一種姿態站在男主角前面呢?伊麗莎白原以為自己是配角,她也看不起傲慢的男主角,誰知道男主角偏偏認為對自己有偏見的女孩,才是最佳女主角。

真是too much Mr. Darcy(Darcy just pride)。

在精油裡面有一種稱作「最佳配角」的油,它本身並沒有特別明顯的特質,卻可以幫助其他精油發揮最大的功效,橙精油就是這種精油的最佳代表,它幫助其他柑桔類精油發揮最

大作用的特質，聲譽卓著。

　　女孩們當然希望當最佳女主角，但是不能成為萬眾矚目
的人時，千萬別忘記要當一個不可或缺的最佳女配角。

特質
character

　　橙精油分為甜橙與苦橙，這款甜橙精油與苦橙葉的苦橙精油的差別在
於氣味與揮發速度，甜橙顯得更香、更甜，但揮發速度極快，都也讓人更放
鬆。並且它可以調和以及增進任何一種精油的功效，是一款便宜又好用的精
油。

配方 2

功用 舒緩壓力，提振活力
使用方式 薰香
材料與精油劑量
薰香燈＋甜橙5滴+迷迭香2
滴+薰衣草1滴

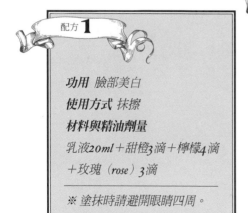

配方 1

功用 臉部美白
使用方式 抹擦
材料與精油劑量
乳液20ml＋甜橙3滴＋檸檬4滴
＋玫瑰（rose）3滴

———————————

※ 塗抹時請避開眼睛四周。

Taurus

金牛座

04/21～05/21

仲春

三方：固定宮

四正：土象

角色：他是一位農場主人。

一畦新土，濕濕熱熱。

象徵 *Symbol*

日期 *Date*

04/21～05/21

仲春。五月花號（**May Day**），也是美國勞動節，其實大部分國家的勞動節都在五月，以及第二個星期天是母親節。

較特別的民族節日是凱爾特族的五朔節（**Beltane**），是該族青年神祇和女神結婚的日子，象徵著年輕的神祇走向成熟。

五朔節的象徵符號。

主宰行星 *Planet*

金星（**Venus**）。羅馬神話中的愛神維納斯，也是希臘神話的阿芙羅黛蒂（**Aphrodite**）。她是愛與美的化身，所以有她出現的場合都會帶來華麗與歡樂。

阿芙羅黛蒂雕像，藏於劍橋大學考古博物館。

文學表述 *Narrative*

Zeus' Love Europa　宙斯為她化做金牛

Come, dear playmates, maidens of like age with me, let us mount the bull here and take our pastime, for, truly, he will bear us on his back, and carry all of us! And how mild he is, and dear, and gentle to behold, and no whit like other bulls! A mind as honest as a man's possesses him, and he lacks nothing but speech. "

來啊，親愛的伙伴們，和我一樣的少女們，坐到這頭牛背上玩吧，說真的，它能把我們載在背上，大家都能坐得下！牠多麼馴服、可愛，看上去是那麼溫順，和別的公牛完全不同！牠有一顆跟人一樣的老實的心，其實牠和人一樣，只是不會說話罷了。

藏於羅浮美術館的維納斯像，是最為人熟悉的愛神雕像。

Whither bearest thou me, bull god? What art thou? How dost thou fare on thy feet through the path of the sea beasts, nor fearest the sea? The sea is a path meet for

Venus

swift ships that traverse the brine, but bulls dread the salt sea ways. What drink is sweet to thee, what food shalt thou find from the deep? Nay, art thou then some god, for god-like are these deeds of thine."

西元400多年前出土的雅典時代陶瓶彩繪,現存於慕尼黑美術館。

神牛啊,你要把我帶到什麼地方?你是哪位神明?你怎麼能用腳走在海獸的航道上,對大海毫不懼怕?大海是能穿越鹹水的快艇才能通過,不是公牛行走的地方。在海上有什麼飲料是甜的?從深海裡你能找到什麼充飢?你一定是某位神明,因為你行的事只有神明才能做到。

～《希臘神話故事》～

約西元100多年前的龐貝壁畫。

Europa

希臘神話 *Greek Mythology*

一天清晨，宙斯往大地一望，看中在腓尼基海岸與姊妹們玩耍的公主歐羅巴，於是化作一隻公牛同她們在大海裡優游、戲耍。

毫無防備的歐羅巴一失神，就被公牛載往大海深處，昏昏沉沉醒來後，歐羅巴發現自己身在陽光燦爛的不知名所在，她以為自己做了一個夢。這時趕到的小天使丘比特（Cupid），要她別急別怒，她即將成為天神宙斯的妻子；並且跟她說：「妳的名字將與世長存，這塊大地以後就叫歐羅巴。」

宙斯化作的公牛只有頭浮在水面上，為了紀念這段感情，把牠留在天上的牛只有牛頭的樣子，那就是金牛座。

註記 *Note*

這段希臘神話故事就是直接描述金牛座的故事，也說明歐洲大陸這個詞是怎麼來的，歐洲（Europe）來自拉丁文的歐羅巴（Europa）。

《希臘神話故事》有非常多的版本，英語系國家通常拿來當作「國文課」的教材，所以文字簡單優美，很適合拿來學習英文所用。

文藝復興時代表現「誘拐歐羅巴」的繪畫。

A Rose from Homer's Grave

荷馬墓上的玫瑰

玫瑰籬笆上有一朵花，

一朵所有鮮花中最美麗的花。

夜鶯對它唱出愛情的悲愁。

玫瑰花說：

這兒躺著世界上最偉大的歌手！

我在他的墓上散發出香氣；

當暴風雨襲來時，

我的花瓣落到它身上，

這位《伊里亞德》的歌手變成了這塊土地中的塵土，

我從這塵土中發芽和生長！

我是荷馬墓上長出的一朵玫瑰。

我太神聖了，

不能為一個平凡的夜鶯開出花來。

於是夜鶯就一直歌唱到死。

摘自《詩人的市集》作者安徒生1842年。

Signature Oil 相應精油

被愛與美的金星定位，金牛是名符其實最雍容華貴的一個星座；金星陰柔的特質，反應在人體脈輪上的喉輪，金牛座人常有呼吸道疾病，就不足為奇了。感受性高、喜歡擁有實在的事物，也帶來強烈的物質慾望，唯有「放下」有形慾望，才能追求精神的歡娛。

In Spring 在春天～玫瑰 Rose～

這款陰性精油有「精油之后」的美稱，最適合金牛座的雍容華貴，也是保養細膩肌膚最好的精油。

In Summer 在夏天～義大利永久花 Immortelle～

陰中帶陽的中板精油，抗痙攣功效聲譽卓著，也因這個功效，對呼吸道、喉嚨易受感染的金牛來說，應是常備精油之一。

In Autumn 在秋天～快樂鼠尾草 Clary Sage～

陽性快板精油，淨化效果好，會帶來幸福感。尤其薰香時，溫暖的堅果味很能保養金牛的喉嚨。

In Winter 在冬天～薑 Ginger～

陽性快板精油，帶來很溫暖的感覺。這款精油的陽性特質，對陰性卻愛享受美食的金牛而言，吃太多消化不良時，是個好選擇。

Rose

玫瑰

這世上有上千種玫瑰，而且每年都會有新的品種出現，因為自玫瑰被發現以來，從來都不缺為它癡迷的人；關於它的故事，在各個民族，都有非常豐富浪漫的傳說。

我最喜歡的一則傳說，或者說是它的歷史記載，是席慕容在《金色的馬鞍》中提到的一段：北宋時期，趙家天子的後宮迷戀上契丹人進貢的玫瑰膏，為了想得到更多的玫瑰膏，派間諜到北方契丹人的宮廷中，盜取契丹人的玫瑰膏。這是以記述蒙古遊牧民族為職志的席慕容，所找到遊牧民族對植物運用最有趣的故事。

另外一則跟蒙古人有關的玫瑰傳說，也是最負盛名的玫瑰故事，是一個跟波斯人有關的豪華婚禮。征服波斯的蒙古人皇帝，為了討波斯公主的歡心，在婚禮那天，將環繞皇宮的花園渠道灑滿了玫瑰花瓣，不意在太陽底下蒸發的水面上，卻浮了一層香氣襲人的油質；波斯仕女將玫瑰油撈起來塗在身體上，不但周身散發出香氣，皮膚更是變得白皙細膩，更重要的是波斯人終於發現萃取玫瑰精油的方法。

玫瑰精油真是皮膚的特效藥，古今仕女都拿她當美容聖品。純玫瑰精油是對抗皺紋、消腫、修復微血管破裂的靈藥，甚至對某些神經性濕疹也有效。保加利亞玫瑰對去黑斑的能力，也頗受稱頌。

特質

　　玫瑰的品種上千，卻只有四種可以萃取精油，因此了解你買的玫瑰精油萃取自哪個品種，是非常重要的事。況且五千公斤的玫瑰只能萃取出一公斤的精油，價格昂貴自不在話下。著名的兩款玫瑰精油，摩洛哥玫瑰（Morocco Rose）是偏陰性的精油，大馬士革玫瑰（R. damascena）是偏陽性的精油；不管陰或陽性，它對身體的每個系統幾乎都有作用。尤其它對女性補血調經有很大的幫助，所以孕婦不宜。

功用 臉部保養

使用方式 抹擦

材料與精油劑量

乳液30ml＋玫瑰8滴＋
薰衣草4滴＋檸檬3滴

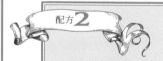

功用 舒緩神經性緊張

使用方式 薰香

材料與精油劑量

薰香瓶＋玫瑰4滴＋快樂鼠尾草2滴＋
橘子（mandarin）1滴

※可將調配好的精油裝入薰香瓶中，外
　出時滴一滴在手帕上，隨身攜帶。

Clary Sage

快樂鼠尾草

　　人們最常給他的評語是「愛的魔術師」，經常說他的婚姻是「絢爛的愛」，畫家夏卡爾最為人稱道的畫作通常是以他的妻子蓓拉當模特兒，或是以婚禮、戀人為主題的作品。所以我們也說看見夏卡爾就看見幸福。

　　他與蓓拉相戀六年，終於衝破這位千金小姐的家庭阻礙，把戀人娶回家；花朵、小屋、燭臺以及漂浮在空中相吻的戀人，在他結婚前的繪畫日記中，他以＜生日＞紀錄它跟蓓拉的戀情。當時他並沒有把握能說服蓓拉頑強的母親讓他們結婚，即便如此，他還是用相愛的兩個人在空中相擁、相吻以及手持花束、酒杯、白紗飄逸，來宣示他們堅定的戀情。

　　雖然他們結婚三十年後，蓓拉過世，可是所有人都知道他的創作動力與畫風，一生受蓓拉影響。晚年他在普羅旺斯汶斯的畫室，經常向來拜訪的人說：「我是魔術師。」我們也知道他是一個愛的魔術師，他的愛源自俄羅斯溫暖的童年回憶、古老的西歐文明，以及兩次幸福的婚姻。

　　看到夏卡爾畫中描繪的幸福感，讓我想起常被人們形容聞起來充滿希望，可以帶來幸福感的快樂鼠尾草；在精油領域素有名望的大師蒂莎蘭德曾經這樣形容它：「我第一次使用快樂鼠尾草的時候，讓我和病人都有一種迷醉的感覺……每當我吸入一些，它使我的身

心狀況緩下來，給人一種陶醉的幸福感。」

　　因此，想放鬆的人泡個幸福的快樂鼠尾草澡，或許眞會帶來好運；至少，可以帶來一夜好夢，像夏卡爾的色彩一般絢麗。

Summer

特質

　　雖然都是鼠尾草，不過一般只使用快樂鼠尾草來萃取，因爲鼠尾草含有毒性側柏酮，只有快樂鼠尾草沒有側柏酮，這一點請切記。即便如此，快樂鼠尾草的鎮靜、舒緩效果也非常好，因此不宜在開車、喝酒時使用。（喝了酒再聞一聞快樂鼠尾草，包你沉睡三天三夜；或許這樣也叫幸福！）孕婦、嬰幼兒，癲癇患者亦不宜使用。

功用 放鬆
使用方式 泡澡或薰香
材料與精油劑量
熱水1缸＋快樂鼠尾草8滴

※它有堅果般的香甜氣味，很多使用過的人都建議單獨使用，眞的可以爲你帶來彩色的夢。

功用 抗痙攣（呼吸道）
使用方式 蒸氣
材料與精油劑量
熱水1盆（或蒸汽機）＋快樂鼠尾草4滴＋乳香（*Frankincense*）2滴＋羅馬洋甘菊（*Roman Chamomile*）1滴

Immortelle

義大利永久花

　　她的微笑，笑些什麼呢？如縹緲輕霧，如夢幻似真，或許那不是微笑，只是反應心靈的一種緩慢持續的狀態；直到永遠。

　　一五〇六年達文西終於完成了「蒙娜麗莎的微笑」，從一五〇〇年自法國回到佛羅倫斯，他就急於向世人表述他的心靈狀態，他的畫筆也致力於一種朦朧的、難以用言語形容的思緒，「聖安妮」、「岩窟聖母」，前者一手指向天的神秘指示；後者呼喚出宿命的悲劇。終於，「蒙娜麗莎的微笑」找到了持續永恆的微笑，五百多年來，無數人前仆後繼，只爲瞻仰那神秘的一笑。

　　義大利永久花又稱「不死之花」，經常在歐洲的墓園周圍找到它的蹤跡，也是製作乾燥花最重要的花材；如刺蝟般堅硬的花苞，的確是恆久的象徵。

　　它的精油又稱「回春精油」，可促進代謝、活化人體機能，一如達文西的妙手，讓義大利貴族吉孔達的妻子依麗莎白塔的微笑，成爲永恆的「蒙娜麗莎的微笑」。

特質

　　雖是菊科屬植物，它的花卻不像其他菊科植物容易凋落，相反的，它是永不凋落。它萃取的部位是以花蒸餾而成，對去淤有很好的功效，所以對化痰、去淤、順暢呼吸道，以及抗痙攣都很好。

功用 順暢呼吸道、支氣管炎
使用方式 蒸氣
材料與精油劑量
熱水I盆（或蒸氣機）＋義大利永久花3滴＋檀香I滴＋安息香（benzoin）I滴

※如果使用蒸氣機，需保持IO公分以上的距離，以免嗆到。

功用 清除粉刺
使用方式 敷臉
材料與精油劑量
敷面泥IOml＋義大利永久花3滴＋薰衣草I滴＋苦橙葉I滴

※敷臉時請避開眼睛四周；讓敷面泥在臉上停留約I5分鐘，即可用清水洗淨。

Ginger

薑

　　一○九四年四月，五十九歲的蘇軾被指稱誹謗朝廷，貶為嶺外英州知事，在轉任途中又受命流放惠州，宋王朝的極南之地。

　　惠州兩年，生活困窘，有時連釀酒的米也沒有，吃菜也靠自己種。可是早已受盡磨難的蘇軾，習以為常、安之若素；依舊睡得香吃得講究。他有兩句詩寫道：「報道先生春睡美，道人輕打五更鐘。」即使身處遭人唾棄的嶺外之地，卻不因而喪志，仍舊悠然過著清安之日。

　　喜歡美食的蘇東坡，在盛產薑的惠州，就當地食材發明了東坡羹，用雙層鍋同時煮飯和湯；下層煮湯，以甘藍、蘿蔔、油菜和荠薺作料，上層放薑和生米，煮開後再將飯層擱在上面，使香氣和蒸氣均勻透入四方。

　　煮魚的時候，用冷水洗淨，再抹一層鹽，塞入甘藍嫩心於魚腹，加菊花煎熬，秘訣在半熟時加幾片薑，再灑酒和醃蘿蔔，最後加些橘皮，趁熱上餐桌，清香四溢。

　　薑有暖胃之效，對祛寒更是立即見效，蘇先生在這極南之地，除了氣候令人感到溫暖，在食材上也是暖胃溫心。

Wint

特質

　　薑除了是好食材，最大的功能是祛淤青，在漢醫裡，也是藥材。溫暖
的特質對舒緩寒冷性流行性感冒所引起的鼻塞很有幫助。但是刺激性強，不
宜加太熱的水泡澡、高劑量使用。過敏性皮膚要小心使用。

功用 止吐
使用方式 按摩胃部、肚臍周圍
材料與精油劑量
甜杏仁油*10ml*＋薑*3*滴＋肉桂
（*Chinnamon*）*1*滴＋芫荽
（*Coriander*）*1*滴

功用 溫暖情緒
使用方式 薰香
材料與精油劑量
薰香燈＋薑*3*滴＋苦橙葉*2*
滴＋肉桂*1*滴

Gemini
雙子座

05/22～06/22

暮春、初夏

三方：轉動宮

四正：風象

角色：他是一位信使。

一陣穿堂風，尚有些涼意。

象徵 *Symbol*

日期 *Date*

05/22～06/22

暮春、初夏。一般來說，六月是結婚旺季，由來與羅馬神話中的天后有關，也就是主管婚姻的婚神星朱諾（juno），希臘神話中的名字是希拉（Hera），祂在六月二日生，婚神星在占星學上屬小行星。

主宰行星 *Planet*

水星（Mercury）。神的信使，也是希臘神話的賀密斯（Hermes）。

文學表述 *Narrative*

This is the moment

就是此刻

> This is the day
>
> When I send all my doubts and demons
>
> On their way!
>
> Every endeavour
>
> I have made - ever
>
> Is coming into play
>
> Is here and now - today!
>
> 就在今天
>
> 我要掃除所有的疑慮和邪惡
>
> 我做過所有的努力
>
> 就在今天要實現
>
> 就在此刻

> This is the moment
>
> This is the time
>
> When the momentum
>
> And the moment are in rhyme!
>
> Give me this moment
>
> This precious chance
>
> I'll gather up my past

流克皮斯是斯巴達國王的弟弟,也是這對雙胞胎的叔父,他看上已經訂婚的堂妹,並把她們騙離家鄉,與之成親。

卡斯特與波爾克斯誘拐流克皮斯的女兒,油畫,1618魯本斯,德國慕尼黑美術館。

And make some sense at last!

就在此刻

就在此時

當所有要素和時間吻合

給我這一刻

給我這珍貴的機會

我終將把道理弄清楚

This is the momen

When all I've done

All of the dreaming,

Scheming and screaming

Become one.

This is the day

See it sparkle and shine

When all I've lived for

Becomes mine!

For all these years,

I've faced the world alone

And now the time has come

To prove to them

I made it on my own!

就在此時，我完成了一切

所有的夢想、計畫和喝采，都將合而為一

I made

這是一個大放異彩的日子

我所有的一切都將成爲我的

這些年來，我孤獨的面對世界

現在是我向大家證明，是我獨立完成的時候了

現在是我最後試驗的時候了

（中文歌詞翻譯，麗音影音提供。）

藏於柏林國立美術館科雷吉歐畫作，1531年麗妲與天鵝。

n my own!

註記

一九九七年《變身怪醫》（JeckyⅡ and Hyde）在百老匯一出手，就成爲熱門劇作；在此之前，這部戲先在休士頓首演，劇中的這首＜This is the Moment＞就已成爲廣告片、總統大選候選人的競選用歌。

這齣劇的靈感來自史蒂文生（Robert Louis Stevenson）的《化身博士》（The Strange Case of Dr. Jekyll & Mr. Hyde，1886），這部小說被譽爲最早講雙重人格，心理疾病的經典之作，甚至有台灣腦科醫生研究，這是某種腦蛋白質缺乏的原因。

這個角色也常拿來比喻雙子座的人格特質——腦袋損傷更甚於身體疲累的雙子，經常要同時做兩件事，喜歡兩種對立的事物；是現在精神科最熱門的話題——造成陰影（Shadow）的原因。

希臘神話 *Greek Mythology*

宙斯覬覦斯巴達皇后麗妲的美貌，化做一隻天鵝與麗妲交配；麗妲生下兩顆蛋，一顆是與斯巴達國王愓達雷尤斯（Tyndareus）生出的一男一女，卡斯特（Castor）與女孩克蕾汀黛拉（Clytemrestra），她獻給宙斯的則生出波爾克斯（Pollux）與大美女海倫（Helen）。

波爾克斯有宙斯的血統所以擁有不死之身，卡斯特則是一般凡人；兄弟倆一起參加傑生的奪取金羊毛之役，一次他們經過同樣是阿果戈號英雄的愛達斯（Idas）的土地，與之發生衝突；卡斯特被艾達斯殺死，波爾克斯救援不及，非常傷心，請宙斯將他的不死之身換給哥哥，他願意替卡斯特死去。

宙斯被兄弟倆的手足情深感動，將弟弟的不死之身分一半給哥哥，並把他們放在天上成為雙子座；在他們活著的時間，則可以在奧林帕斯山上看到他們的身影。

Idas

Signature Oil 相應精油

第一個風象星座雙子，是處在變動宮的陽性星座；具有傳遞的特質以及二元性，在肺部、呼吸系統、神經系統，甚至顯現身體二元特質的雙手、手指、手腕都容易出毛病。雖然敏銳聰明、轉得快，卻也具神經質、歇斯底里的反射動作；「安住」是找到目標的方式。

In Spring 在春天～洋甘菊 Chamomile～

相較於羅馬洋甘菊，德國洋甘菊（German Chamonmile）顏色較深較不刺激，前者作用於肌肉、皮膚，後者以骨骼爲多，兩者均爲陰性精油。對「手」以及呼吸系統容易出現毛病的雙子來說，不刺激、對關節有卓著功效的德國洋甘菊是很好的用油。

In Summer 在夏天～薰衣草 Lavender～

中性（陰偏陽）精油種類繁多，也是被運用得最廣的精油。對經常需要平衡的雙子來說，薰衣草是必備用油，因爲它冷卻情緒的效果非常好。

In Autumn 在秋天～羅勒 Basil～

香草類陽性快板精油，廚房的常備香料之一。味道刺激的羅勒最能幫助雙子面對陰暗。

In Winter 在冬天～冬青樹 Wintergreen～

陰性含大量水陽酸脂的精油。如果要對付雙子躁鬱的一面，陰性的冬青樹就很好用了。

Chamomile

洋甘菊

這是獻給太陽的花，因為他能治療瘧疾，埃及對這種小菊花最早的記載，就是為了太陽神，就是因為這花具有神性。德國洋甘菊是中歐地區最美麗的庭園植物，德國人除了洋甘菊，跟埃及人共同的嗜好就是啤酒了。

埃及人也是喝啤酒的民族，西元前一六○○年的醫生處方：啤酒一杯、香花十朵……，啤酒在許多埃及人的生活中扮演了重要的角色。

更重要的是，一個年輕男子讓一個年輕女子喝了一口他的啤酒，那麼別人就會認為他們已訂下了婚約。埃及人對啤酒的愛好，無庸置疑。他們稱之為「Boozah」，甚至法老的神廟中也銘刻法老們對啤酒的喜愛。

埃及人認為啤酒具有神奇的功能，而發酵現象也只能用「神奇」二字來解釋，所以自然地認為是太陽神拉（Ra）的神力。因此，為了取悅太陽神及其他眾神，一位法老王Ramases三世每年用三萬加侖的啤酒祭天。儘管祭天耗用大量啤酒，他們仍存有足夠的啤酒，以每日向建設金字塔的自由，每人分發兩罐啤酒。

埃及神話裡三位是半人半獸的神，首屈一指的就是太陽神，祂是開闢天地的努（Nu）的三個化身之一，鷹頭人身，威武勇猛。

Spring

特質

洋甘菊花茶的舒緩效果、幫助消化的功能，遠近馳名；洋甘菊精油非常昂貴，德國洋甘菊又較羅馬洋甘菊精油貴一些，前者是治療風濕與關節炎以及神經系統的聖品。後者對皮膚與消化系統非常好。有通經作用，孕婦切勿使用，一般人也該低劑量使用。

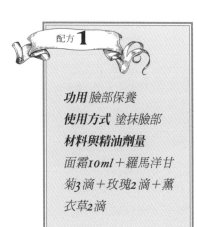

配方 1

功用 臉部保養
使用方式 塗抹臉部
材料與精油劑量
面霜*10ml*＋羅馬洋甘菊*3*滴＋玫瑰*2*滴＋薰衣草*2*滴

配方 2

功用 舒緩神經緊張造成的偏頭痛（或歇斯底里）
使用方式 薰香（可配合深呼吸）
材料與精油劑量
薰香燈＋德國洋甘菊*3*滴＋甜橙*2*滴＋薰衣草*2*滴

Lavender

薰衣草

奧托里古斯：當水仙花初綻嬌黃，嗨！山谷裡有一位多嬌；那是一年中最好的時光，聽那百靈鳥的清歌婉麗，嗨！還有畫眉喜鵲的叫噪，一齊唱出了夏天的歡喜，當我在稻草上左摟右抱。

弗羅利澤：你這種打扮，使你的每一部分都有了生命；不像是一個牧女，而像是出現在四月之初的花神了。你們這場剪羊毛的喜宴正像群神集會，而你就是其中的仙后。

潘狄塔：（望向波力克希尼斯）先生，歡迎！是家父的意思，要我擔任今天女主人的職務。

（向卡密羅）歡迎，先生！把那些花給我，陶姑兒。可尊敬的先生們，這兩束迷迭香和薰衣草是給你們的；它們的顏色和香氣在冬天裡不會消散。願上天賜福給你們兩位，永不會被人忘記！我們歡迎你們來。

莎士比亞《冬天的故事 第四幕》（*The Winter's Tale by Shakespeare*）

雖然薰衣草不能說是因為莎士比亞而成名，不過很多人都是看了這齣劇之後，才知道薰衣草可以拿來對付中年男人，或是自己更年期的父親；讓他情緒變平穩。

流落在外的西西里公主潘狄塔，被牧羊人收留成為牧羊女，面對來反對她與王子的愛情的皇親貴冑，除了用在野地自然生長的香草來反抗人為栽培的植物之外，實在也想不出什麼好比喻的了。

不過以大家都愛薰衣草這一點，她是成功了。薰

衣草的花形很優美，顏色是浪漫的紫藍色，氣味似濃烈又清香，沁人心脾，應該沒有人不喜歡。確實，薰衣草是個平衡感很好、陰陽調和完美，幾乎所有的精油都可以跟它混合良好的精油；它豐富的成分，使它成為被運用最廣的精油，就算是感冒喉嚨痛、鼻子不通，你都會想到它。

特質 character

在歐洲被當作「藍藥水」來用的薰衣草，倒是很符合轉動很快的雙子腦；它迅速冷卻、降血壓的功效，一向聲譽卓著。薰衣草被運用得太廣種類又多，購買時應該注意品種、產地，以及價格，例如，醒目薰衣草只能作為清潔用，不宜使用在人體上。高山有機薰衣草價格昂貴，甚至可以滴一滴在花茶中增加香氣。低血壓以及孕婦不宜使用。

配方 1

功用 順暢呼吸道，改善流行性感冒所造成的呼吸道不適
使用方式 蒸氣
材料與精油劑量
熱水1盆（或蒸氣機）＋薰衣草6滴＋薄荷3滴＋尤加利3滴

※也可將調配好的精油滴在薰香瓶，隨身攜帶，隨時使用。

配方 2

功用 冷卻情緒，紓解神經緊張所造成的偏頭痛
使用方式 薰香
材料與精油劑量
薰香燈＋薰衣草5滴＋檀香1滴＋苦橙葉2滴

Basil

羅勒

他關上房門，取出情人的頭顱，以淚珠洗淨污濁的頭顱，埋在原本種馬鬱蘭（Marjoram）、羅勒的大花盆裡，上面再植一株美麗的羅勒，日夜以自己的淚珠、玫瑰花水、橙花露（Neroli）灌溉，這盆羅勒因她殷勤的珠淚以及慢慢化爲泥的頭顱，長得枝繁葉茂、香氣四溢。

薄伽丘的《十日談》，第五個故事講的就是一株羅勒因爲一對堅貞的情侶，而變得茁壯又美麗的故事，羅勒就是我們慣常用的香料九層塔，台灣人最熟悉的莫過於九層塔煎蛋，據說家裡有青春期少女的媽媽最喜歡這道料理，因爲它對月經有幫助。

或許一般的母親們不了解這個民俗料理的原由，不過它的確有這個功效，羅勒精油是放鬆、緩和壓抑情緒的好配方，對青春期少女經血不足、經期不規則也是不錯的選擇。

《十日談》第五個故事又要如何收場？悲傷的少女不獨失去情人，連睹物思人用的羅勒連花帶盆也被哥哥丟棄，她只能哀慟以終，有位詩人爲她做了一首歌：唉，是哪一個壞蛋偷走了我的花盆？

特質

　　香料類精油最大的特質就是強烈的氣味，羅勒極強的味道，據說能將雙子的陰暗面逼出來——它就是俗稱的「九層塔」。其品種繁多，地球上各個角落的主婦都當它是常備香料，因此品種的差異與效用，也造成價格幅度的寬廣。因為刺激性強，不宜泡澡，孕婦也不宜。

配方 1

功用 緩和抑鬱情緒及放鬆精神

使用方式 泡澡

材料與精油劑量
熱水1缸＋羅勒2滴＋玫瑰3滴

配方 2

功用 改善手指龜裂，保養皮膚

使用方式 調製成按摩霜塗抹

材料與精油劑量
乳霜15ml＋金盞花油（Marigold）5ml＋羅勒3滴＋胡蘿蔔種籽（Carrot seed）2滴＋紅柑（Tangerine）2滴

Wintergreen
多青樹

　　世界本來只是無終止的空間，沒有頭尾，沒有時間，沒有生命。造物主先創造了史塔克楠（造物主的姪兒）。

　　史塔克楠在造物主的指導下創造了各種固態物質，七個宇宙、水和空氣。之後，史塔克楠又造了蜘蛛女，用泥土造了四種不同膚色（黃、紅、白和黑）的人。史塔克楠給了這四種不同膚色人智慧、再生能力和不同的語言，並讓他們去不同的方向遷移，生活。

　　史塔克楠告訴他們：「我給你們這一切，就是讓你們幸福生活。但有一個要求，你們在任何時候都要尊敬造物主。只要你們活著，就別忘了這些。」這些人被稱為第一批人，他們所居住的世界被稱為第一世界。

　　這是美國最古老的印地安人霍比人的創世傳說，跟他們的創世傳說一樣古老的是他們傳統使用的植物──多青樹，他們也稱它「鹿蹄草」，就是疼痛或發燒時拿來煮水飲用的神聖植物。甚至霍比人以多青樹的果子來餵養雞、鴨等家禽。

Winter

特質

character

杜鵑花科含脂量高的精油，一般來說，整株植物都可以萃取出精油，它最大的價值在於水楊酸甲酯，對鎮痛和抗炎有很好的作用。

配方 **1**

功用 消除肌肉痠痛

使用方式 泡澡

材料與精油劑量

熱水1缸水＋8滴冬青樹

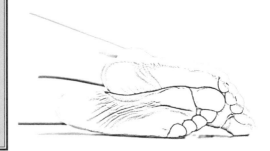

配方**2**

功用 治療風濕痛

使用方式 按摩膝關節、小腿等疼痛的部位

材料與精油劑量

小麥胚芽油（*Wheat Germ Oil*）15ml＋聖約翰草油（*St.John Wort Oil*）5ml＋冬青樹4滴＋迷迭香3滴＋薰衣草3滴

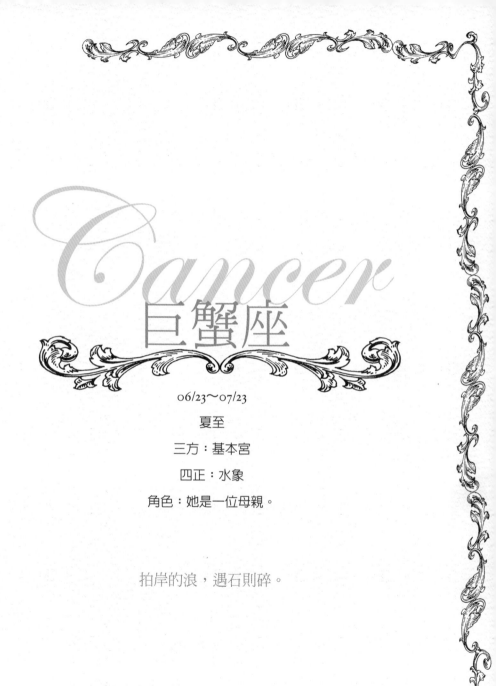

巨蟹座

06/23～07/23

夏至

三方：基本宮

四正：水象

角色：她是一位母親。

拍岸的浪，遇石則碎。

象徵 *Symbol*

日期 *Date*

06/23～07/23

夏至，又濕又熱；森林與大海的慶典在此時都受歡迎。

主宰行星 *Planet*

月亮（Moon）。希臘神話中的月神——阿特蜜斯（Artemis），也是羅馬神話中的黛安娜（Diana）。三位處女神之一，也是狩獵之神、婦女之神，是女性純潔的化身，與太陽神阿波羅是孿生姐弟。

精神病英文是「Lunacy」與每個月滿月時發病人數激增有關，字根就是從拉丁文裏面的月亮「luna」演變而來的，月神也稱「Luna」。

Artemis

The Champa Flower

文學表述 Narrative

* Champa－玉蘭，學名 Michelia champaca，產 於東印度，熱帶地區。

The Champa Flower

金色花 *

Supposing I became a champa flower, just for fun, and grew on a branch high up that tree, and shook in the wind with laughter and danced upon the newly budded leaves, would you know me, mother?

　　假如我變成了一朵金色花，只是爲了好玩，長 在那棵樹的高枝上，笑哈哈地在風中搖擺，又在新生 的樹葉上跳舞，媽媽，你會認得我嗎?

You would call, "Baby, where are you?" and I should laugh to myself and keep quite quiet.
你要是叫道：「孩子，你在那裡呀？」我暗 暗地在那裡偷笑，卻一聲兒不響。

I should slyly open my petals and watch you at your work.
我要悄悄地開放花瓣兒，看著你工作。

When after your bath, with wet hair spread on your shoulders, you walked through the shadow of the champa tree to the little court where you say your prayers, you would notice the scent

大約1~3世紀時的羅馬人 雕刻黛安娜石雕，藏於 那不勒斯美術館。

*印度兩大史詩其中之
 一的《羅摩衍那》
 （Ramayana），是詩人
 蟻垤（Valmiki）在大
 約公元前三百年以梵
 文寫成的。

of the flower, but not know that it came from me.

當你沐浴後，濕髮披在兩肩，穿過金色花的林蔭，走到你做禱
告的小庭院時，你會嗅到這花的香氣，卻不知道這香氣是從我
身上來的。

When after the midday meal you sat at the window reading
Ramayana, and the tree's shadow fell over your hair and your lap, I
should fling my wee little shadow on to the page of your book, just
where you were reading.

當你吃過中飯，坐在窗前讀《羅摩衍那》*，那棵樹的陰影落在
你的頭髮與膝上時，我便要投我的小小影子在你的書頁上，正
投在你所讀的地方。

But would you guess that it was the tiny shadow of your little
child?

但是你會猜得出這就是你的小孩子的小影子嗎？

法蘭西斯柯，＜太陽與
月亮的創造，1518~19＞

When in the evening you went to
the cow-shed with the lighted lamp in
your hand, I should suddenly drop on to
the earth again and be your own baby once
more, and beg you to tell me a story.

當你黃昏時拿了燈到牛棚裡去，我便要突
然地再落到地上來，又成了你的孩子，求你講
個故事給我聽。

"Where have you been, you naughty child?"
「你到那裡去了，你這壞孩子？」

"I won't tell you, mother." That's what you and I would say then.
「我不告訴你，媽媽。」這就是你同我那時所要說的話了。
(*The Crescent Moon by Rabindranath Tagore*，1913 《新月集，泰戈
爾，1913》)

希臘神話 *Greek Mythology*

一向對天帝宙斯的私生子趕盡殺絕的天后希拉，這一次要對付
的對象是宙斯與邁席尼公主生下的大力士海格力斯，宙斯雖然
派了許多名師教導海格力斯習武射箭，但是還是被希拉設計到
提比斯國王尤力修斯（Eurystheus）那兒做事，並得聽命於尤

<阿特蜜斯射死
阿克泰翁，西元
前470年，陶罐>
現藏於波士頓芬
妮藝術博物館。

巨蟹的母親形象穩固堅
定，但是巨蟹本身的神話
倒是希臘神話中比較不出
名的海格力斯（Hercules）
大戰九頭怪蛇海德拉
（Hydra）的故事，巨蟹就
是幫海德拉防衛海格力斯
而戰死的大巨蟹。

嚴格說來巨蟹應該是一半
孩子一半母親，她的形象
也多半來自跟月亮有關的
神話，羅馬神話中黛安娜
是阿波羅（Apollo）的雙
生姐姐。

這一篇詩人寫母與子關係
的散文，非常能夠說明巨
蟹是母親又是孩子的意
境。

Eurystheus

力修斯，幫他殺死十二頭怪獸。

有天，尤力修斯要海格力斯去殺怪蛇海
德拉，海德拉是九頭怪蛇並有不死之身，況且牠的再生能力很
強，你砍牠一刀，他馬上就復原了；希拉認為這是殺死海格力
斯的大好機會，就派妖蟹去幫助海德拉。

大力士海格力斯不但一腳踩死了怪蛇，在姪子的幫助之下，也
殺死妖蟹。雖然如此，希拉仍非常感念這兩隻動物的幫助，將
海德拉放到天上變成長蛇座，妖蟹則變成了巨蟹座。

加勒比海印度群島的印地
安女人希望在滿月時將小
孩放在海裡，這幅圖現存
於紐約摩根圖書館。

Signature Oil 相應精油

象徵母親、家與歸屬感的巨蟹，是個十足的陰性星座，卻也是包容力最強的星座，這個象徵反應在身體上，常被消化器官與胃部毛病折磨或困擾。另一方面，以脈輪來看，它的定位星月亮，主管著情緒頂輪。巨蟹表現出多愁善感、壓抑的敏感與感傷；追求「認同」可以讓心胸開放。

In Spring 在春天～安息香 Benzein～

陽性慢板精油，有很好的安定作用。對敏感的巨蟹而言，做靜心或想安撫情緒時，點個安息香在室內，效果不錯。

In Summer 在夏天～佛手柑 Bergamot～

陽性快板精油，對腸胃有很好的安撫作用。這款精油除了幫助腸胃蠕動，也是沉靜情緒的好精油，這兩項特質可說是巨蟹該常備的一款精油。

In Autumn 在秋天～荳蔻 Cardamom～

陽性快板精油，不論東西方使用的時間都很早；印度阿育吠陀使用的藥材。它幫助消化的功效遠近馳名，當然是巨蟹用油。

In Winter 在冬天～月桂 Bay Laurel～

陽中帶陰性精油，提振精神與抗菌效果均佳。對常感憂鬱的巨蟹來說，月桂可以振奮情緒。

安息香

「……米亞常常站在她的九樓陽台上觀測天象。依照當時的心情，屋裡燒一撮安息香。……米亞是一位相信嗅覺，依賴嗅覺記憶活著的人。安息香使她回到那場八九年春裝秀中，淹沒在一片雪紡，喬其紗……繞裹垂墜的印度德里，天衣無縫，當然少不掉錫克教式裹頭巾，……」

《世紀末的華麗》朱天文

《本草備要》裡談到安息香，說它安神開竅，在佛教裡的故事提到它時，也都說它能驅魔；有一段就說它：「出於波斯國，又稱闢邪樹，……取此物燒香，能通神明。」

尤其一位晉朝的大和尚佛圖澄以它來祈雨，奠定了它不朽的地位。朱天文說它有印度的味道，想來也跟東方神秘的氣息脫不了關係。

的確，在東西方的歷史中都能找到它神秘的傳說，也因為傳說，航海探險家不懼波濤洶湧，將它帶回西歐，使它成為歐洲病房的最佳消毒劑。

巴黎聖母院略懂醫理的修女，以它來治療胸腔感染、呼吸困難以及皮膚病。

特質

　　安息香與檀香等樹脂類精油都有共同的兩種特色，一是穩定精神、情緒，對靜心有幫助；一是對改善皮膚粗糙或龜裂，有很好的功效。兩種功能都是愛操心、愛做事的巨蟹所需要。

　　除了情緒上的作用，它在身體上的作用也很廣，尤其抗菌效果最被推崇。若要做按摩，使用前先做皮膚過敏測試。

功用 改善及預防皮膚龜裂
使用方式 按摩（通常是腳部或手部的皮膚較容易龜裂）
材料與精油劑量
小麥胚芽油*10ml*＋安息香*2*滴＋乳香*2*滴＋沒藥*1*滴

功用 舒緩焦慮與緊張
使用方式 薰香
材料與精油劑量
薰香燈＋安息香*3*滴＋甜橙*3*滴＋薰衣草*2*滴

Bergamot

佛手柑

英國伯爵葛瑞任期屆滿回國述職，清朝福建仕紳送他一罐上等祁門紅茶跟一瓶佛手柑浸泡油，伯爵在英國例行的下午茶宴中，展示他從遠方帶回來的神奇寶貝，一不小心將佛手柑油滴到茶裡面，涼涼的味道跟陣陣的清香，大受這些名門淑女的青睞，稱加了佛手柑的紅茶為伯爵茶。

義大利北方柏加摩有位公主，美麗非凡、深受當地人民愛戴，這地方有種全世界都找不到的柑橘類果子，為了紀念公主，當地就以她來命名叫做「Bergemo」，也是佛手柑精油的來源。

中國的佛手柑跟義大利的佛手柑雖然不一樣，不過大家都愛佛手柑，因為它們都會在枝頭開滿小白花，飄來陣陣的香氣，都有安定人心的功效；一如美國人最喜歡拿來插花的香蜂薄荷，也稱做佛手柑，因為它的香氣如佛手柑一般迷人。

還沒聽過有誰不喜歡佛手柑，我媽媽醃漬中國佛手柑當作奶奶治療牙疼的秘方，一位友人每天都要滴一兩滴佛手柑精油在枕頭上才能入眠，原來它鎮靜神經的功效聲譽斐然，拿來當沮喪以及焦慮的神經鎮靜劑，想來是平撫神經性疼痛與放鬆情緒的不錯點子。

特質

　　它的敏光性是所有柑橘類精油中最強的，最好夜晚熄燈後再使用於皮膚上；畢竟它對美白、護膚有很好的作用。但千萬別拿佛手柑泡澡或沖澡，會全身過敏起疹子；想來巨蟹會經常使用它，所以點個十滴、八滴在精油瓶隨時戴著，也是一個方法。

配方 **2**

功用 舒解消化不良、打嗝
使用方式 調製按摩油，按摩肚子
材料與精油劑量
甜杏仁油10ml＋佛手柑3滴＋薄荷1滴＋肉桂1滴

配方 **1**

功用 幫助入眠
使用方式 薰香
材料與精油劑量
薰香燈＋佛手柑4滴＋薰衣草3滴＋絲柏（Cypress）2滴

Cardamom

荳蔲

一直不明白爲什麼十五世紀歐洲人的海洋探險風潮，居然是爲了尋找東方的香料；直到在倫敦吃過撒了一層荳蔲粉的烤布丁之後，才了解這個繼蕃紅花、香草之後排名第三的香料植物，的確值得歐洲人爲它爭個你死我活。

如果你看過荳蔲花，這個印度最美的庭園植物，小小乳白色的花瓣，頂端泛著紫色的光暈，狀似鈴蘭，成熟後一顆顆如核桃般的豆莢，會不斷飄來香氣，相信你也會爲它癡狂，一如中國人形容青春期的少女，豆蔲年華，君子好逑。

最早將荳蔲帶到歐洲的阿拉伯人，珍視荳蔲的程度更是不可言喻，「它裝在雕花的方盒中，有銀製也有一些是木器，要用時以特殊的刮器一層層刮下來，慢慢使用……。」

原生於印度的荳蔲，對佛教徒來說，也是珍貴的供佛香料，最著名的應該是荳蔲花的故事吧，「以花供塔，生降花雨。」這降下的花就是香氣馥郁的荳蔲花，是有修行的人出生時才會有的景象；在佛經中也有，「修法前口含白荳蔲、嚼龍腦香，能令口氣清香。」

從這看來，能令口氣清香是荳蔲的特質，這多半是它能祛除胃脹氣、消化不良；這兩樣解決了，口臭多半也會消滅。

特質

　　荳蔻也是很好的靜心精油，因爲它的氣味有一種平衡感，能夠穩定人心，主要是有跟薑一般的溫暖味道。雖然是薑科植物，但萃取的精油主要來自烘乾的種子，而不是根部。屬於強效辣味精油，宜低劑量使用以及做皮膚敏感測試後再使用。

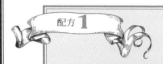

功用 幫助消化或保養胃
使用方式 按摩肚子或胃部
材料與精油劑量
甜杏仁油10ml＋小麥胚芽油10ml＋荳蔻3滴＋薑2滴＋歐芹（Parsley）1滴

功用 提振精神，並有催情作用
使用方式 薰香
材料與精油劑量
薰香燈＋荳蔻2滴＋玫瑰1滴＋絲柏1滴

Bay Laurel

月桂

　　總有一天，總會有一個人偶然掉在你面前，稱作「命定情人」；他們相遇，卻有人來搞蛋，一場你追我跑的追逐於焉展開。

　　愛神邱比特從箭袋裏取出了兩支造法不同的箭，一支有激發愛情功能的金箭，另一支卻是會使人拒絕愛情的銀箭。邱比特把銀箭射向水澤仙女黛芙妮（Daphne），把金箭射向太陽神阿波羅。

　　宙斯的女兒黛芙妮喜歡在森林裏跑來跑去，想效法雅典娜當個獨立自主的女戰神。一天，在林間打獵，卻被阿波羅給遇上了，驚為天人。

　　多情太陽神，覺得這女孩美極了，雖然她蓬頭垢面衣衫凌亂，但絲毫無損於她的美。於是開始追逐黛芙妮，黛芙妮害怕極了，愈跑愈快。

　　阿波羅：「我是太陽之子阿波羅，不是凡人，是擁有尊貴身份的神啊！請接受我的追求。」可是黛芙妮並不愛阿波羅，只能不斷逃避他。

　　眼看著快被阿波羅追上的黛芙妮，請求父親宙斯救自己，當太陽神追上黛芙妮時，只能眼睜睜看著黛芙妮變成了月桂樹。

　　阿波羅傷心欲絕：「我美麗的人啊，妳是我的樹，以後我的勝利將成為妳的專利，我將用妳的枝葉編織成勝利的花冠，讓妳和那些勝利的人們在一起。」

　　勝利的桂冠就是月桂樹。

特質 *character*

　　雖然整株植物都含芳香分子，但主要萃取它堅硬的葉子蒸餾，月桂以防腐與抗組織、器官等壞死的作用聞名。也能促進淋巴循環，並有防止皮膚感染、鎮痛與抗硬化的作用。

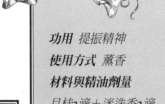

配方 2

功用 提振精神

使用方式 薰香

材料與精油劑量

月桂3滴＋迷迭香2滴＋薰衣草1滴

配方 1

功用 幫助消化

使用方式 按摩肚子或胃部

材料與精油劑量

甜杏仁油10ml＋月桂2滴＋橘子2滴＋甜橙1滴

獅子座

07/24～08/23

溽暑

三方：固定宮

四正：火象

角色：他是一個位王。

夏日煙火，吸引眾人目光。

象徵 *Symbol*

日期 *Date*

07/24～08/23

正是溽暑時節，太陽正在你的頭頂上。

主宰行星 *Planet*

太陽（Sun），也稱作索爾（Sol），亦即太陽
神的意思。各個民族都有自己的太陽神
話，中國有「后羿射日」，日本的太陽神
「天照大神」是當今日本皇室的祖先。而
最有名的太陽神是阿波羅（Apollo），印度
和阿拉伯地區的神話中有密斯拉（Mithra）
神，代表帶來光明的太陽神。以及埃及的
「拉」（Ra）也是有名的太陽神。

Apollo

約西元2~4世紀時羅馬人模仿希臘時代的大理石雕
刻，現藏於義大利克禮門提諾美術館。

文學表述 *Narrative*

太陽神頌詩

在天邊出現了您美麗的形象，

您這活的阿頓神，生命的開始呀！

當您從東方的天邊升起時，

您將您的美麗普施大地。

您是這樣的仁慈，這樣的閃耀，

您高懸在大地之上，

您的光芒環繞大地行走，

走到您所創造的一切的盡頭，

您是「拉」神，您到達一切的盡頭，

您使一切為您的愛子服役。

您雖然是那麼遠，您的光都照在大地上，

您雖然照在人們的臉上，

卻沒有人知道您在行走。

當您在西方落下時，

大地像死亡一樣地陷在黑暗之中。

註記

這是埃及宗教詩的名著《亡靈書》（英文翻譯：The Book of the Dead: Papyrus du Ani），全詩譯文共一百二十七行。熱烈地讚頌讓大地產生生命力的太陽神的偉大力量，代表了古代埃及宗教詩方面的成就。這首詩讓我們理解，古代埃及人所以崇拜太陽，正是因為太陽的光芒普照人類，給萬物帶來生機。是太陽神即阿頓神主宰了一切，由阿頓神進而產生了阿頓教，對阿頓教的信仰顯然是向一神教的方向發展。

各古老民族的創世神話都有對「太陽」的禮讚，漢民族有屈原的＜九歌，東君＞、希臘神話的阿波羅，更是光明、正義、華美、愛情，以及一切善的代表，太陽就是光明的象徵。

這首詩沒有提供英文詩，因翻譯的版本與古埃及文的落差與散迭，並沒有一定的標準。

希臘神話 *Greek Mythology*

希臘神話中有兩個跟獅子座有關的故事，一個是被大力士海格力斯所制服的十二隻怪獸中的凶猛獅子。

另一個傳說是來自巴比倫的愛情故事，這隻獅子是被宙斯變成天空星座的愛情見證，羅馬詩人奧維德（Ovid）根據這個傳說在《變形記》（Metamorphoses）說了這樣一個故事。

約4~5世紀時伊朗地區的獵獅圖。

有一對比鄰而居的小戀人皮拉摩斯（Pyramus）和西絲貝（Thisbe），青梅竹馬，感情日篤，雙方家長卻反對他們的戀情，阻止來往。他們不顧家庭反對，暗中約會；一天他們相約在一棵白色桑樹下見面，這棵白色桑樹結的果實是純白色而非一般的紅色。西絲貝依約來到樹下等待皮拉摩斯，皮拉摩斯姍姍來遲，耽誤了一會兒。

這時桑樹後面衝出一隻剛捕獲獵物的獅子，滿口血

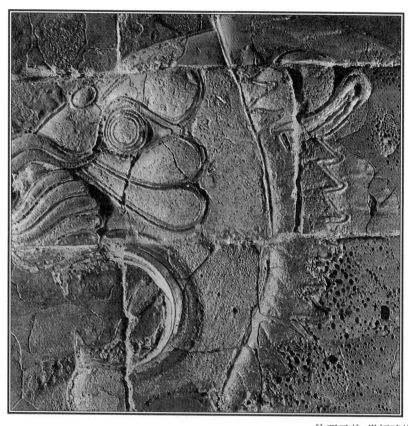

約西元前4世紀時的獅子
浮雕局部，中東阿克美
妮德朗家族。

腥；西絲貝雖受驚嚇，但反應頗快，拔腿就跑，連滑落的面紗

也顧不及撿拾。遲到的皮拉摩斯來到樹下，只見滿嘴血腥的獅

子正在把玩愛人的面紗，他想愛人屍骨無存，肯定成了獅子的

晚餐，一時痛不欲生就拔劍自殺。不久，西絲貝回到桑樹下，

看到心上人自殺身亡，在傷心欲絕之下，拔出戀人胸口的劍，

一把刺向自己，殉情而死。

白色的桑椹因為染到了這對情侶的鮮血，自此以後就長出紅色
果實，紅桑椹便是他們愛情的見證。

天帝宙斯感念這段堅貞的愛情，就把見證愛情的獅子升到天界
變成獅子座。而相傳獅子座下方的后髮座就是女孩的面紗。

吳哥窟的＜戰車上的女
神：太陽或月亮＞現藏
於法國巴黎吉美國立亞
洲藝術博物館。

Signature Oil 相應精油

被太陽定位的獅子座屬陽性星座,在脈輪上屬於第四輪「心輪」。容易患心臟相關疾病;心臟病、心絞痛、心律不整,或是動脈瘤。在身體外部,容易有上背部、脊椎性疼痛,或脊隨炎、脊椎側彎。

喜歡萬眾矚目的獅子,就因為有強烈的聚焦能力,也往往容易體力透支、心力交瘁——「節制」會帶來優雅的華麗感。

In Spring 在春天～茉莉花 Jasmine～

有「花中之王」稱譽,雖是陽性精油,可是稀釋後會偏陰性。「精油之王」茉莉是少數可以幫助刺激男性荷爾蒙的精油,對需要強效作用才能提振萎靡不振的憂鬱獅子,有很大的幫助。

In Summer 在夏天～香蜂草 Melissa～

此款精油雖屬陽性卻帶著高比例的陰性特質,可平緩緊繃。在眾多精油中只有少數幾款對心臟有良好的功效,香蜂草能夠平緩呼吸急促,心律不整;對容易患這種毛病的獅子座,可以考慮放在薰香瓶中隨時攜帶。

In Autumn 在秋天～依蘭依蘭 Ylang Ylang～

陰性精油,有沉重、黏稠感。雖然聞起來有點沉重,但是對患有呼吸急促的獅子,有很好的幫助。

In Winter 在冬天～檀香 Sandalwood～

陽中帶陰精油,氣味持久不易消散。有抗抽搐、補強心臟的特質,獅子可用它來平衡神經系統。

Jasmine

茉莉花

從來沒有到過中國，卻被一首東方旋律深深迷住的義大利歌劇作家普契尼，隨著這首小調譜出了百年不衰的著名歌劇「杜蘭朵公主」，為這齣歌劇譜上代表中國的背景音樂，就是＜好一朵美麗的茉莉花＞。

滿洲公主杜蘭朵，招駙馬的方式很奇特；喜歡玩猜迷遊戲的她出了個謎題，若誰能答出來她就嫁給他；答不出者則斬。

卡拉富王子旅行到中國，剛進北京城就在城樓上見到公主，驚為天人，瘋狂地迷上她，迫不急待地想向她求婚。忠心耿耿的僕人打聽到公主殘暴的行徑，苦苦勸戒王子遠離是非之地，被美色沖昏頭的卡拉富才不管公主殺死了多少人，執意要試一試。

聰明的王子解出謎底，公主卻反悔；難以自拔的卡拉富權衡之下跟杜蘭朵許了個約定；如果公主能在黎明前查出他的名字，他願引頸就戮，否則公主就得嫁給他。

好勝的杜蘭朵下了令，全北京城在今晚沒查出名字前，都不准睡覺。這一幕就是最膾炙人口的詠嘆調＜公主徹夜未眠＞。杜蘭朵抓了卡拉富的侍女柳兒，逼問她主子的名字，深深愛著王子卻從未說出口的柳兒說，全世界只有我知道他的名字，但是不告訴妳；為了保護王子她自殺而死。

還好卡拉富的熱情，終究融化了公主冰冷的心，化解了她的殘忍無情，兩人終於在一起。

~84~

唉啊，愛情真是沒什麼道理，王子愛上殘暴的公主；侍女愛上盲目的王子。這種劇情，真是百般不合理。或許是老天爺給了他們男人女人都愛的茉莉花，女人喜歡，因為它是調理子宮的好幫手；男人愛它恐怕是看中了它的壯陽功效。無論如何，看起來它的確能解決雙方的性焦慮；至少能確定的是，它解決了杜蘭朵公主因為性焦慮而產生的殘忍行為。

特質

　　氣味濃郁緩慢，是製作香水很重要的定香劑；使用劑量宜低，太高會讓人有沉重感，孕婦也不適合使用。

配方 2

功用 舒緩肌肉疼痛
使用方式 按摩疼痛的肌肉部位
材料與精油劑量
甜杏仁油10ml＋茉莉花2滴＋薰衣草2滴＋羅馬洋甘菊1滴

配方 1

功用 舒緩神經以及抗憂鬱
使用方式 薰香
材料與精油劑量
茉莉花3滴＋薰衣草2滴＋檀香1滴

香蜂草

此刻，地中海岸遍地小白花；此時，群蜂亂舞。母親總是躲著善妒的父親，愛神丘比特自小多半時候由蜜蜂餵養。當然，蜜蜂知道他尊貴，一定採香蜂草釀成的蜜餵養他。

「五、六月時節，滿山遍野地生長，法國Angers 一帶尤多，Angers是羅亞爾河的門戶，花香隱隱浮動在空氣中……」，《米其林旅遊指南》上這麼寫著，一個衝動、轉念一想，什麼樣的花草招蜂引蝶至此，連希臘文的蜜蜂都叫「Melissa」；原本要往里昂、普羅旺斯一帶的火車票，當場換成了往羅亞爾河的Angers。那一年我在法國中部換了這麼一張車票。

在歐洲遍地都是的香蜂草，又稱「檸檬香脂」，可見它既有檸檬的香味，又如凝脂般濃郁，不止一般人喜歡它，連出家僧侶，都用它來提煉古龍水，還有瑞士醫生管它叫「萬靈丹」，連心臟麻痺了都有用。

還是女人聰明，巴黎聖衣會的修女用它調製了一劑藥水，專在生理期使用；伊莉沙白女王時代的英國主婦，拿它來釀酒，唉啊，凝脂般的蜂蜜酒香，到底是什麼味道呢？

在這初夏陽光的照耀下，綠葉白花一叢一叢，映襯著地中海藍，想來冬天的陰霾可以一掃而空了，有個安撫胸前鬱悶的配方，或許可以不用到蔚藍海岸也能令人暢快。

Summer

特質

　　香蜂草是台灣農業部門近年來極力栽培的植物，原因是台灣燦爛的陽光很適合香蜂草，跟太陽獅子一般，令人精神一振。一如曬太陽可讓人溫暖，香蜂草抗憂鬱以及治療心臟病的紀錄，早在二千多年前的阿拉伯人的醫書裡，就有詳載。

　　孕婦應避免使用，但香峰草茶可。

配方**2**

功用 降血壓、舒緩呼吸或心跳急促
使用方式 薰香
材料與精油劑量
薰香燈＋香蜂草3滴＋薄荷2滴＋薰衣草1滴

配方**1**

功用 舒緩心悸
使用方式 薰香
材料與精油劑量
薰香燈＋香蜂草4滴＋甜橙3滴＋乳香3滴

Ylang Ylang

依蘭依蘭

　　有位癡情的女子，盤好又黑又長的頭髮，穿上今年剛織的新衣，這件新衣色澤艷麗、紅白相間，一如今年剛造好的大船船紋；因為她要去見一位多年未見的男友。

　　沿途溪水清澈、海浪拍岸，偶爾還會看見遠方的飛魚躍出水面，像銀箭般劃過昏暗的天空，這一幕讓她激動難耐，她想要的男人就是抓飛魚的好手，他是飛魚的子民；她知道每年這時節他都會因為飛魚的召喚，而奔向大海的懷抱，她希望在飛魚之前，先向他告白。

　　已經快要走到他家了，突然看到路旁有兩根竹子交叉著，令她覺得十分難過，原來男友已是使君有婦了，那只好黯然離去吧！

　　這是達悟族女性唱的＜男友已婚之歌＞，講一位姑娘知悉男友已經結婚之後，傷心之餘的吟唱，達悟族有個傳統，已結婚者在家門口會有兩根竹子交叉著。

　　達悟族的創世傳說有一個故事是，先民從菲律賓巴丹島，坐著大船搖啊搖搖到蘭嶼落地生根，因為生活環境與條件跟巴丹島差不多，他們還是保留著南島民族的傳統，一如他們以芋頭為食、捕魚維生。

　　南島居民還有一種老天賜與的寶物──香水樹，又稱「依蘭依蘭」；原產於菲律賓，夏天會開著黃色的小花，對付熱帶地區的疾病瘧疾、熱病等

非常有用；而遠近馳名的是催情效果以及當護髮油的功效。就像印尼人的傳統，新婚夫婦床上會鋪滿依蘭依蘭；達悟族婦女的美麗長髮也其來有自。

特質

這款極富異國情調的精油，也有相當的濃重、黏稠感，一般喜歡拿來製作香水；但劑量不宜太高，會造成反胃。敏感肌膚者不宜使用。

配方 **2**

功用 降高血壓、防低血壓，平衡循環系統
使用方式 泡澡
材料與精油劑量
熱水1缸＋依蘭依蘭4滴＋薰衣草4滴＋快樂鼠尾草2滴

配方 **1**

功用 護髮
使用方式 調製為護髮油塗抹在頭髮上
材料與精油劑量
荷荷芭油（Jojoba Oil）20ml＋依蘭依蘭5滴＋薰衣草3滴＋雪松2滴

──────────────

※頭髮洗淨後，將調好的護髮油均勻的抹在頭髮上，待15分鐘後沖洗乾淨即可。

Sandalwood

檀香木

「竊以穹儀方載之廣。蘊識懷靈之異。談天無以究其極。括地詎足辯其原。是知方志所未傳。聲教所不暨者。豈可勝道哉。」《大唐西域記》

慈恩道場的三藏法師玄奘，在唐太宗貞觀三年帶著一群人翻山越嶺往佛教重鎮鹿野而去，一路上神魔鬼怪、奇珍異獸考驗著一群人的智慧與毅力；當然，鳥語花香、天下奇聞也領略不少。

即將到達目的之際，一行人到了「秣羅矩吒國」，他形容這個國家「周五千餘里。國大都城周四十餘里。土田焉地利不滋。海渚諸珍多聚此國。……國南濱海有秣剌耶山。崇崖峻嶺洞谷深澗。其中則有白檀香樹。栴檀婆樹。樹類白檀不可以別。唯於盛夏登高遠瞻。其有大蛇縈者。於是知之。」

玄奘對這樹當然不陌生，他打坐入定焚香供佛都以檀香輔之，再說佛經中也多處記載，誦念《法華經》精進者，可以聞到檀香的氣味，在佛教中檀香也是最上等的供香。

從佛教的經典以及佛門使用檀香的情況，可以了解到檀香木的特質——沉靜、舒緩、溫暖。既然能幫助打坐入定，想來對放鬆情緒、舒緩呼吸道感染也有不錯的功效。

Winter

特質

　　氣味持續性久且強效，所以要低劑量使用，情緒低落時不宜使用。修行者打坐冥想時使用檀香，需注意劑量以免情緒渙散。

配方 **2**

功用 滋補心臟血管系統
使用方式 按摩胸口
材料與精油劑量
酪梨油（*Avocado Oil*）15ml
＋甜杏仁油5ml＋檀香木3滴
＋玫瑰2滴＋薰衣草2滴

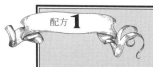
配方 **1**

功用 治療咳嗽喉嚨痛
使用方式 蒸氣吸入法
材料與精油劑量
熱水1盆（或蒸氣機）＋
檀香木3滴＋沒藥2滴＋
薰衣草2滴

Virgo

處女座

08/02～09/23

秋日

三方：轉動宮

四正：土象

角色：他是一位僕人。

鋤犁的泥土，醞釀的成熟。

象徵 *Symbol*

日期 *Date*

08/2～09/23

秋日，秋分點目前在處女座上。

主宰行星 *Planet*

水星（**Mercury**）。羅馬神話中的馬丘里，也是希臘神話中的賀密斯；有神的信差之稱。他的父親是宙斯，母親是美雅（**Maia**，擎天神阿特拉斯（**Atlas**）的女兒），賀密斯在奧林匹亞山上是一位年輕的神。看起來動作輕靈優美、頭長翅膀穿涼鞋，手拿雙蛇魔杖。

Mercury

Autumn Day

文學表述 *Narrative*

Autumn Day

by Rilke Rainer Maria

秋日 里爾克

Lord, it is time. The summer was too long.

主啊！是時候了。夏日曾經很盛大。

Lay your shadow on the sundials now,

把你的陰影落在日晷上，

and through the meadow let the winds throng.

讓秋風刮過田野。

Ask the last fruits to ripen on the vine;

讓最後的果實長得豐滿，

give them further two more summer days

再給它們兩天南方的氣候，

to bring about perfection and to raise

迫使它們成熟，

the final sweetness in the heavy wine.

把最後的甘甜釀入濃酒。

Whoever has no house now will establish none,

誰這時沒有房屋，就不必建築，

註記

這首描寫「入秋」的情境詩，是奧地利詩人里爾克最著名、也是最經典的詩作。詩人大學攻讀哲學、藝術與文學史。一八九七年浪遊歐洲各國時，拜見文豪托爾斯泰，去當雕塑家羅丹的秘書，並深受法波特萊爾的影響。他的詩從神秘、夢幻到寫實並讚美主，雖然充滿困苦悲觀的情境，但是藝術造詣很高。

他的詩表現了詩歌的音樂性並擴大了詩歌的藝術表現領域，對現代詩歌的發展有很重要的影響。

這首＜秋日＞很能展現代表處女座的農業女神狄密特（Demeter）的精神，努力耕耘等待秋收；傳達了秋日的美好但孤寂的景況。

whoever lives alone now will live on

long alone,

誰這時孤獨，就永遠孤獨，

will waken, read, and write

long letters,

就醒著，讀著，寫著長信，

wander up and down the bar-

ren paths

在林蔭道上來回，

the parks expose when the leaves

are blown.

不安地遊蕩，當著落葉紛飛。

＜牧神與密特，約4世紀＞，
銀盤，現存大英博物館。

作者：里爾克（Rilke Rainer Maria, 1875.12.4-1926.12.29，德國詩
　　　人、文學家。）

英文譯者：威廉・蓋斯（William Gass，1924年生，美國華盛頓
　　　　　大學哲學系教授，著《藍：一段哲學的思緒》）

中文　馮至　譯

希臘神話 *Greek Mythology*

農業女神狄密特跟天帝宙斯有位女兒波塞芬（Persephone），也
就是春神；冥王黑地斯（Hades）對她一見鍾情，立志要將她
娶回家，宙斯也答應女兒嫁給他，但是他知道狄密特一定不會
答應讓女兒嫁到暗無天日的地府；所以兩人密謀將波塞
芬強搶到冥界。

狄密特聽到女兒被搶時的呼叫聲，卻一直找不出女兒
在那兒，找了許久之後，她無心也無力照顧大地，整
天躲在一個小島上悲傷懷念女兒，因此大地一片枯萎，
農作不收，形同飢荒；眾神覺得這樣下去也不是辦

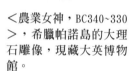

＜農業女神，BC340~330
＞，希臘帕諾島的大理
石雕像，現藏大英博物
館。

里茲市立美術館雷頓＜
歸來吧，1891年＞，賀
密斯帶波塞芬回到大地
女神狄密特身邊。

狄密特女神浮雕，約13世紀，藏於羅浮宮美術館。

法，就跟她說了女兒的下落，並請天帝幫忙要回女兒。

冥王雖然答應波塞芬回到人間，但是要了一個小小的詭計，他讓波塞芬帶了四個石榴回人間，波塞芬看著鮮豔欲滴、美味可口的石榴，忍不住吃了一個；原來吃過冥界食物的人，必定得回到冥界，波塞芬吃了一個，所以她一年中有三個月要回到冥界，這也就是人間多天與四季的由來。

因為農業女神在女兒回冥府的期間，根本無心照顧人間大地，所以人間處於寂寥狀態；後來她變成處女座，會在秋天時節陪著太陽自地平線上升起，守護收成時節的大地。

Signature Oil 相應精油

處女座以「陰陽」的概念來看，屬陰。在身體上，比較容易患「六腑」中與「腸」有關的疾病（人體的五臟屬陰、六腑屬陽，所以腸是陽）；大腸炎、十二指腸潰瘍、腹痛、便秘、痢疾，或是霍亂。若在《易經》也是坤卦六三爻，坤屬陰；在精神上，容易苦悶、大驚小怪、緊張，以及無法放鬆。

處女給人的印象是專業、盡責，以及服從；具有要求完美、細節、理想性高的特質——「放鬆」是關鍵字。

In Spring 在春天～橙花 Neroli～

陽性精油；有激勵、抗憂鬱作用，也是很好的殺菌、鎮靜劑。經常會感到萎靡不振的處女，很適合這款帶點陽剛又有一點苦味的精油。

In Summer 在夏天～綠花白千層 Niauli～

陽性精油；很好的抗菌劑，潔淨的意象與效果均好。對容易患消化道細菌感染的腸胃炎的處女而言，可以用綠花白千層來按摩腹部。

In Autumn 在秋天～芫荽 Coriander～

陽性精油；幫助消化的功能，對處女座來說，毋庸贅言的好用。

In Winter 在冬天～玫瑰籽油 Rosehip Seed Oil～

可當基底油，也可以單獨使用；有滋養皮膚的功效。要讓事物變得更好的處女，這瓶油是很完美的臉部按摩油。

橙花

那個冷靜地承認櫻桃樹是被自己砍倒的美國第一任總統華盛頓，據了解他最喜歡的香水是一種以檸檬、橙花以及迷迭香爲配方，一七五六年推出的「蘭堡六號古龍水」，古龍水又稱「科隆水」，只有男生可以用，因爲它不定香，所以也不能留香；不過給人一種清爽的氣息。

一六九〇年，一位義大利理髮師意外獲得三百多年前的神秘配方「匈牙利水」，這是匈牙利王妃的最愛，聽說這水讓她返老還童，她乾脆叫這水是「返老還童水」，是什麼配方呢？

橙花、檸檬加甜橙，這個配方讓理髮師富裕了一輩子，富足又浪漫的理髮師之孫，遷居到德國科隆，這個創造夢幻的調香師，創造了一條夢幻街——科隆水街，科隆水就是中文的「古龍水」。

最經典的是「古龍水4711」。科隆市內有一百多家古龍水工廠，其中一家慕林思公司的門牌號碼是四千七百一十一號，「4711」不過是個門牌號碼而已。古龍水以柑桔類屬的精油爲基礎，最經典的配方就是橙花、迷迭香加薰衣草，男人們喜歡它，聽說是聞起來爽快又冷靜，是一種很理性的味道。

當了兩任的美國總統，一如冷靜地承認了自己砍了櫻桃樹，他也理性又鎮定地騎著馬回到鄉下種田，眞不知是不是蘭堡六號古龍水讓他如此想得開。

但是女人就可以華麗又複雜的活在這個世界上了，至少
氣味可以濃郁又豐富，十八世紀的女人都以橙花露來薰香手
套。

特質

雖然是花瓣精油，但是有點苦味，有醒腦作用，是好的抗憂鬱劑。在
身體上對循環系統有幫助，是昂貴良好的滋補劑。

配方2

功用 改善靜脈曲張
使用方式 按摩小腿及腿部
材料與精油劑量
甜杏仁油10ml＋橙花2滴＋絲柏1滴
＋薰衣草2滴

配方1

功用 滋養雙手
使用方式 護手霜
材料與精油劑量
基礎霜30ml＋橙花6滴＋玫
瑰6滴＋迷迭香3滴

Niauli

綠花白千層

他終於如願以償，將生命的
熱情推向繽紛熱鬧的南太平洋中心
──大溪地──「在蠻荒花園終
老，在棕櫚樹間漫步、作畫……」
這是印象派畫家保羅‧高更最終極
的想望，他真的去實踐了。一九○
三年他在南太平洋的小島上臨終時，
只有當地的土著陪著他。

終於，在一次短暫的探險中，他找到
了夢寐以求的少女，十三歲的帝乎啦，與他的前
任情婦蒂蒂哈相較，她是更純粹的土著、更年輕的軀體，也更
為純真自然。他沉醉在愛情的狂喜中，創作了「亡靈窺伺」、
「蒂哈阿曼納的祖先」，不久帝乎啦懷孕了；他卻逃回歐洲，一
去兩年，才又回到這個人間天堂。

他關心原住民，行為卻不比其他殖民者高尚；他愛女
人，卻狎玩十三、四歲的青春少女；他在這不沾染的土地汲取
養分，卻身染梅毒，不過他終究帶給我們美好的視覺驚艷。

在那裡的島嶼，有一種原生植物──綠花白千層，只要
秋風掃過落葉滿地，就能將島上的病毒清洗一空，還他原來的
清淨。

Summer

特質 *character*

　　近似樟腦的穿透氣味，聞似刺激，其實是木質類精油中比較溫和者。殺菌效果聲譽卓著，對熱帶性地區的傳染病有很好的抑制作用。它也有振奮效果，可幫助集中精神。

配方 2

功用 清淨或提神

使用方式 薰香（蒸氣式噴霧薰香器）

材料與精油劑量

純水30ml＋綠花白千層10滴＋檸檬5滴

配方 1

功用 治療青春痘

使用方式 塗抹長痘痘的地方

材料與精油劑量

乳膠10ml＋綠花白千層2滴＋苦橙葉2滴＋薰衣草2滴

Coriander

芫荽

　　有個同學在矽谷工作，她說每次抑鬱難耐或不名所以的煩躁時，就會去吃阿宗麵線，一直想不通，在台灣時並不常去西門町吃阿宗麵線，也不特別喜歡蚵仔。不知道爲什麼已經將他鄉當故鄉的人，還是喜歡去吃蚵仔麵線。

　　她終於了解，不論能不能將他鄉當故鄉，對台灣還是有濃濃的鄉愁，而鄉愁居然是以蚵仔麵線上灑的「芫荽」來解決，因爲那氣味，久久無法消散。

　　台灣主婦將芫荽當成隨時可以入湯入菜的香料；無論煮什麼都要放一把，我媽說有殺菌功能，我倒覺得是平添氣味。其實在西方的廚房中，早在一千多年前，芫荽就被拿來當藥草以及香料，阿拉伯人將它拿來當藥膳、烹飪的佐料，甚至在著名的巴比倫空中花園都可以見到它的蹤影；傳至埃及，埃及人也認爲它是令人愉悅的香料，希臘羅馬人更將它當成調酒的配方。

　　在東方，印度人當它是醫療用的藥草，可以治療失眠、便秘；在中國歷史上它更是不陌生的入菜佐料。

　　雖然大家都喜歡它，但對我來說它卻是有難聞的臭蟲味，搓揉它的葉子有令人噁心的味道，類似臭蟲，就是希臘文的「Koris」；幸好種子的味道清新甜美，不像葉子一般令人難以接受。

　　它跟一般繖形科的植物一樣，翠綠的葉子如羽狀，會開出紫色或白色小花，花落結果，即是萃取精油的來源。

Autumn

特質

刺鼻的味道可以消除嗜睡、增進記憶力。殺菌效果在腸胃道特別明顯，因此可以幫助消化。屬於強效精油，因此使用劑量要低，哺乳者避免使用。

配方 **1**

功用 增進記憶力

使用方式 一般蠟燭式或插電式薰香瓶薰香

材料與精油劑量
芫荽2滴＋玫瑰草（*Palmarosa*）2滴＋甜橙2滴

※外出怕暈車或想醒腦，可滴一滴在可攜式精油瓶。

配方 **2**

功用 幫助消化

使用方式 以順時鐘方向按摩肚子

材料與精油劑量
葡萄籽油（*Grapeseed Oil*）10ml＋小麥胚芽油4ml＋芫荽3滴＋薰衣草2滴＋橘子2滴

Rosehip Seed O

玫瑰籽油

Winter

　　與他摯愛的妻子住在只有三戶人家的海邊小屋，可以迎接皚皚山頭的晨曦，也可以目送太平洋的落日。在他熱愛的祖國智利有三地住處，他卻特別偏愛這個既不是島也沒有黑色石頭，卻叫做黑島的地方。

　　詩人聶魯達，以詩頌揚這世上最浪漫的兩件事——愛情與革命，他告訴馬提爾德他鍾愛的妻子：「述說完我的愛情根基，我將這個世紀交付於你：木質的十四行詩於焉興起，只因你賦予了它們生命。」

　　他因為政治離開智利遠赴一樣可以每天聽潮汐起落的義大利南部，然而還是無法忘情安地斯山脈終年白雪皚皚的火山口，還有他命定廝守一生的第三任妻子馬提爾德，他歌頌她「倚身暮色，我喜歡看妳/看暮色降臨在妳的側臉/柔軟而曬成油銅肌膚的女孩啊，光籠罩妳，美麗的，珍珠色般的胴體。」

　　或許戀人絮語或許熟知這片土地的詩人知道，南美洲最美麗的秘密—Rosa Mosquita—就藏在安地斯山脈三千公尺高的山上；「Rosa Mosquita」世界上最昂貴的野薔薇，他的果實可以做成世上最好的回春油。「珍珠色般的胴體」或許不是詩人的溢美之詞。

特質

　　標榜含維他命F（即亞麻油酸，Linoleic acid），近年來被視為抗老化聖品（也就是抗自由基），在使用上它不是以精油方式萃取，因此可以單獨使用，也可以當基礎油來用。

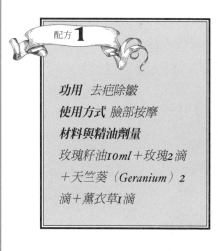

配方 **1**

功用 去疤除皺
使用方式 臉部按摩
材料與精油劑量
玫瑰籽油10ml＋玫瑰2滴＋天竺葵（*Geranium*）2滴＋薰衣草1滴

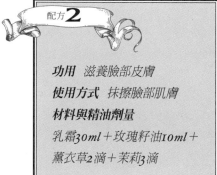

配方 **2**

功用 滋養臉部皮膚
使用方式 抹擦臉部肌膚
材料與精油劑量
乳霜30ml＋玫瑰籽油10ml＋薰衣草2滴＋茉莉3滴

天秤座

09/24～10/23

秋分

三方：基本宮

四正：風象

角色：他是一位夥伴。

徐徐微風，溫暖山丘部落。

象徵 *Symbol*

波提且利＜維納斯的誕生局部＞，義大利烏菲茲美術館。

日期 *Date*

09/24～10/23秋分

（Autumnal Equinox）時節，霜降即至；一年中白晝與黑夜等長的日子，而且月到中秋分外明，也是收穫的季節。許多古老民族流傳下來的冬季慶典，在這段時間熱熱鬧鬧展開。

主宰行星 *Planet*

金星（Venus）。

文學表述 *Narrative*

Auld Lang Syne

by Robert Burns

舊日美好時光　羅伯特・彭斯

（Burns once declared the following version to be the best.彭斯說下面的

（譯文是他覺得最好的英文翻譯）

Should auld acquaintance be forgot, 該忘記舊日的友誼，

And never brought to mind? 怎能不常懷於心？

Should auld acquaintance be forgot, 該忘記舊日的友誼，

And days o' lang syne? 怎能忘記舊日美好時光？

For auld lang syne, my jo, 為了舊日美好時光，甜心，

For auld lang syne, 為了舊日美好時光，

We'll tak a cup o' kindness yet, 我們乾了這一杯，

For auld lang syne. 為了舊日美好時光。

And surely ye'll be your pint-stowp , 你飲盡那一杯，

And surely I'll be mine, 心意確鑿無疑，

And we'll tak a cup o' kindness yet, 我們乾了這一杯，

For auld lang syne. 為了舊日美好時光。

We twa hae run about the braes, 我們倆在山坡上奔跑，

And pou'd the gowans fine；美好的小雛菊啊；

But we've wander'd mony a weary fit, （any a weary foot） 我們歷盡艱辛直到雙腳疲累

Sin' auld lang syne. 舊日美好時光。

We twa hae paidl'd i' the burn,我們涉溪過水，

Frae morning sun till dine；（From morning sun until noon（dinner） 從早到晚：

But seas between us braid hae roar'd , （Broad have roared）波濤橫亙在眼前，

Sin' auld lang syne.舊日美好時光。

And there's a hand, my trusty fiere, 我伸出雙手，

And gie's a hand o' thine；請你緊緊相握；

And we'll tak a right gude-willie waught,（Drink of good will）讓
我們舉杯痛飲，

For auld lang syne. 爲了舊日美好時光。

註記

這是一首源自蘇格蘭民謠而創作的詩，蘇格蘭詩人羅伯特‧彭斯（Robert Burns，1759-
1796）是當時創作量最豐富，並有「民族詩人」之稱的十八世紀作家。

這首詩就是早期台灣各級學校畢業典禮必唱的＜驪歌＞，也是歐美人在過新年倒數時一
定播放的一首歌。

這首詩被譜爲大家耳熟能詳的旋律，是一九四○年代由費雯麗主演＜魂斷藍橋＞
（Waterloo Bridge，1940）的電影主旋律。

彭斯歌頌友誼、懷念被英格蘭不斷騷擾的故鄉土地，以及爲保護國土犧牲的民族英雄，
創作大量的詩歌，尤以這首最廣爲流傳。

這首歌頌友誼的詩歌，很能代表天秤座強調與人合作，重視夥伴關係的特質。

希臘神話 *Greek Mythology*

天秤座原來是正義女神阿斯特麗亞
（Astraea）手中的秤子。

傳說神創造人的過程可分爲五
個世代，祂所創造的第一代人
類稱爲「黃金時代」，也是眾
神之神宙斯的父親克洛諾斯
（Cronus）統治天國時期：那時的
人類跟神一樣長生不老，不愁吃
穿，人間宛如仙境，所以神跟人可以生
活在一起。

＜狂舞的密涅＞鏡背，
西元前5世紀末。

但命運女神判定第一代人類該消失了，人間即將進入白銀時

＜在賭骰子的美神和牧神＞
鏡蓋背面，西元前5世紀末。

代。此時人類還維持與神一般的外貌，但在精神上卻大為不同，生活放肆，隨興作樂，永遠都處於小孩子狀態，只保留了一些神性與道德。

諸神紛紛回到天上，只有正義女神不忍人間煉獄，還留在人間左手拿簿子做紀錄，右手拿天秤丈量人類的善果惡行。並教導人類耕種栽植，讓人間仍有蓬勃大地。

宙斯統治天國之後，創造了第三代人類，即是青銅時代，這時的人類學會以銅器製造兵刃，殘忍暴虐，發動戰爭，互相殺戮；阿斯特麗亞也無法忍受人間無道，回到天上，祂手中的秤子就放在她腳下，成為天秤座；以便隨時讓祂取用，來衡量人類的是非善惡。

Signature Oil 相應精油

陽中帶陰的天秤，純粹的顯現了要求平衡的特質，在身體上一樣如此；左右各一的腎最容易出毛病，腎臟炎、腎結石，或是尿毒症。成對的卵巢，兩邊的腰以及附近的下背部脊椎疼痛，都是天秤要注意的問題。完美的「平衡」是個問題。

In Spring 在春天～乳香 Frankincense～

這款精油可以跟最多的精油混合，很符合天秤的「陽」光面。

In Summer 在夏天～天竺葵 Geranium～

最高級的天竺葵精油是由花瓣萃取，很「陰」柔細緻的花瓣類精油。對荷爾蒙的作用，很適合天秤在卵巢等生殖機能的需要。

In Autumn 在秋天～杜松子 Juniper Berry～

陰性：不同於直接使用燃燒杜松來殺菌，杜松子可以製酒、泡茶，以及萃取精油，都對泌尿系統有很好的效果。對易感染泌尿問題的天秤，這款精油的排水、殺菌功效，頗為適用。

In Winter 在冬天～歐芹 Parsley～

陽性：古埃及時代即使用歐芹治療泌尿問題，並為打勝仗的士兵佩帶歐芹花環。歐芹的香料類精油（消毒殺菌）特質，也是天秤所需。

Frankincense

乳香

　　衣索比亞席巴女王心儀所羅門王許久，因此帶著駱駝馱著香料、寶石和許多黃金渡海前來，想和所羅門王結成連理；席巴女王用最貴的乳香香水進貢，終於得到這位智慧之王的青睞。

　　這段佳話是許多戲劇、音樂以及其他藝術的文本，最有名的是韓德爾的「席巴女王進場」，為什麼乳香香水如此珍貴，即便是西元一千多年前最有智慧的人，都會為它折服。

　　這種小樹只長在沙漠邊緣，非常不容易取得，許多英雄豪傑都得為它出征，埃及人千辛萬苦自彭特之地發現它，因為它是祭天焚香的聖物，更重要的是埃及後宮佳麗認為它是無可取代的護膚聖品，是每天一定要用的青春面膜。流風所及，愈來愈富裕的羅馬人，不但小姐喜歡它，連詩人都要做詩歌詠它。

　　既然在耶穌誕生前它就是青春之泉了，我們又怎能忽略它。

特質

焚燒樹枝是古代民族殺菌驅趕流行病的方法，從切開樹幹流出樹脂萃取的乳香精油一樣有這樣的功效；所以它對泌尿系統的感染，有很好的治療效果。

配方**2**

功用 治療尿道炎或外陰部感染
使用方式 盆浴
材料與精油劑量
熱水1盆＋乳香5滴＋雪松2滴＋薰衣草2滴

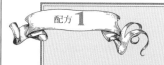

配方**1**

功用 保濕、美白、預防皺紋
使用方式 敷臉
材料與精油劑量
荷荷芭油10ml＋乳香3滴＋玫瑰1滴＋檸檬1滴

Geranium

天竺葵

「她四十歲，看起來卻像五十歲……她穿著邋遢到了極點，一點格調也沒有。她的臉色暗沉無光，布滿早衰的皺紋，她衰頹的身體狀況使得皺紋特別明顯……她生活不正常，使得浮肉臃腫不堪……。」

與羅丹分手十五年後，住在精神療養院的女雕刻家卡蜜兒已不復往日的神采，這位倔強但異常美麗的女孩，已經變成自暴自棄，患了被迫害妄想症的病人。

她著名的作品＜成熟＞，那個跪著伸出雙臂的年輕女人，的確是藝術家本人的化身，一如沒有完全從跪姿站起身來的雕塑品，她並沒有成為自己夢想中的成功藝術家。她十分恐懼昔日戀人也是老師的羅丹偷走她的創意，摧毀她的一切，於是和外界隔離；憤世嫉俗地在療養院過了一生。

羅丹拒絕離開另一位情婦荷絲，讓這位年輕的藝術家步入痛苦的深淵，這或許也不足以摧毀她；讓她身陷恐懼無法自拔的夢魘，恐怕還是失敗的陰影吞噬了她的心靈，她開始懷疑自己是不是過分自信與誇大，也或許她心中不願也不敢承認，自己只有在羅丹的指導下才能產生真正的佳作。

邋遢混亂、受愛人冷落的的女人，以早衰來摧毀自己，陷入無法自拔的困境；典型荷爾蒙失調，提早更年期的棄婦形象。這樣的故事自古至今，多不勝數，歷來不缺。

可以調控平衡荷爾蒙分泌的天竺葵，真該是女人必備的

精油；不但能平衡男性以及女性荷爾蒙，還可以刺激淋巴功能排除體液，甚至還有抗憂鬱的特質，就算它不能替你喚回愛人的眼眸，也可以替你消除贅肉以及難看的蜂窩性組織炎。

特質 *character*

　　天竺葵味道刺激，是頗能提振一下昏昏欲睡的夏天。但它的刺激性強烈，敏感肌膚者應小心使用，孕婦也該避免使用，因為它會刺激荷爾蒙分泌。

配方 **2**

功用 放鬆、順暢循環系統
使用方式 泡澡
材料與精油劑量
熱水1缸＋天竺葵6滴＋快樂鼠尾草2滴＋伊蘭伊蘭2滴

配方 **1**

功用 排除身體多餘水分、利尿
使用方式 按摩臀部、大腿、肚子，蜂窩性組織炎發作的部位
材料與精油劑量
甜杏仁油20ml＋天竺葵5滴＋杜松子3滴＋薰衣草2滴

Juniper Berry

杜松子

一九一二年倫敦要慶祝舞台劇「紅粉佳人」的成功推出，為了符合劇名的顏色，倫敦的調酒師費盡思量要調出美麗的粉紅色雞尾酒，想出了以雞蛋並琴酒，再調一些糖汁，甜甜的味道沖淡了苦氣性強的琴酒，不但味道十分溫和還有美麗的粉紅色；果然符合了這齣「紅粉佳人」，是劇名也是酒名。

琴酒是一種無色的基酒，雖然它有一點苦味卻有持續性的清香滋味，很適合拿來調配各種酒；一六六○年荷蘭來頓大學醫學院的教授佛蘭茲為了避免荷蘭人為熱帶疾病所苦而發明。佛蘭茲認為在醫學上有利尿的功能杜松子也有抗菌作用，於是開始萃取杜松子精油，他將杜松子浸在酒精中，蒸餾出一種含有杜松子成份的藥酒，這種藥酒不但具有利尿的作用，對健胃解熱也很有功效。剛開始他將這種自製的杜松子酒在藥局中試賣，沒多久就廣受歡迎。

在荷蘭，杜松子酒英文是「Jenever」，名字從杜松子的拉丁文「juniperus」而來，意思是使人有活力、恢復元氣。所以，一開始琴酒被當作藥酒來使用，治療各種疾病，因為是藥酒味道又好，就在荷蘭流行了起來。流風所及傳到法國，稱它為「Genievre」，後來簡稱「Geneva」，為了配合在英國的銷售，將名字改為英語發音的「Gin」，也就是大家耳熟能詳的琴酒了。

既然我們知道佛蘭茲教授是看中了杜松子的利尿排毒功能；初夏來臨，以杜松子精油幫助排尿、削減蜂窩組織炎、水腫以及滯留的體液，是瘦身的人不錯的選擇。

特質

　　杜松子有潔淨的功能，打坐時，以杜松子薰香也是儀式的一種。雖然它對循環系統有很好的功效，但是嚴重的腎臟病患者應避免使用，孕婦與敏感肌膚者亦同。

配方 2

功用 治療膀胱炎、尿道感染
使用方式 盆浴
材料與精油劑量
熱水1盆＋杜松子4滴＋尤加利1滴＋薰衣草1滴

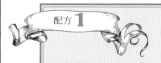

配方 1

功用 瘦身
使用方式 按摩
材料與精油劑量
小麥胚芽油20ml＋杜松子6滴＋葡萄柚（Grapefruit）2滴＋茴香（Fennel）2滴＋薰衣草1滴

※此款瘦身按摩油，對腹部、臀部、大腿、手臂等部位均適用。

歐芹

女巫賽斯（Circe）的花園裡有一種植物，吃完後會讓人的元氣大增，有一匹馬就是吃了它，才贏得馬車賽的冠軍。

女巫賽斯有各種魔法，她會把奧德賽（Odyssey）的士兵變成豬，也讓貌若天仙的少女西莉雅變成長頸六頭怪物。

前往西西里島的凱拉比亞碼頭邊，這舉世聞名的義大利險境密西亞海峽，傳說這海峽有兩頭怪物把守，義大利這邊是克莉狄絲（Charybdis），原來是海神波賽頓（Poseidon）的女兒，因為偷宰了海克力斯的牛羊，被宙斯拋到海裡，並讓她永遠在義大利南端；積憤難平的她，將一股怨氣化作巨大漩渦，船行過此，屍骨無存。

西西里島那邊就是西莉雅（Scylla）了，她被海神收為情婦，卻與女巫賽斯爭風吃醋，被她變為怪物，流連在西西里島的石山上，將路過船隻海員生吞活剝。

英雄奧德賽大戰後，凱旋回鄉途經這裡，若船靠義大利那邊呢，定被捲入大漩渦內，同歸於盡；於是靠西西里島這邊，犧牲了六名海員，渡過危機。

女巫賽斯花園裡令人元氣大增的植物就是歐芹，在羅馬人、希臘人以及後來歐洲人的廚房裡隨時都可以看到它，因為它讓人活力無盡。

特質

辛香類植物精油味道厚重刺激，最好都低劑量使用，以免暈眩。另，通常對循環系統有作用的精油，對腎臟病、孕婦或是有月經相關疾病者，也會發生作用，使用前先請教芳療師劑量的掌握或可不可以使用。

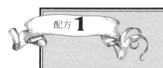

配方 1

功用 利尿

使用方式 泡澡

材料與精油劑量

熱水1缸＋歐芹3滴＋杜松子3滴＋茴香2滴

※以上三種精油都與腎、減肥，以及天秤座有關

配方 2

功用 冷靜、鎮定情緒

使用方式 薰香

材料與精油劑量

薰香瓶＋歐芹2滴＋苦橙葉3滴＋薰衣草3滴

Scorpio

天蠍座

10/24〜11/22

立冬

三方：固定宮

四正：水象

角色：他是一位魔法師。

高山湖水，凝練力量。

象徵 *Symbol*

日期 *Date*

10/24～11/22

「Samhain」是塞爾特人慶祝夏天結束的節日，也是萬聖節
（Halloween）的由來。對這個民族而言，是冬
天的開始也是一年的開始。在漢民族這時節
也有個節氣「立冬」，意思是儲存能量，安然
度過嚴冬。

主宰行星 *Planet*

火星（Mars）、冥王星（Pluto）。黑地斯（Hades）是宙斯
的兄弟，掌管冥界；奧林帕斯山眾神中，排行第三，祂是地獄
的王，主宰死亡又叫「普魯托」（Pluto，冥王星的拉丁名起源
於此），也負責掌管地下的寶藏，所以也是財神。「地斯」
（Dis），即拉丁文「財富」之意。而他最有名的事蹟就是將春神
波瑟芬擄到地底來，讓她成為地獄的皇后。

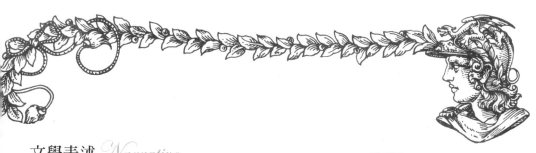

文學表述 *Narrative*

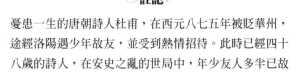

贈衛八處士 杜甫

人生不相見	動如參與商
今夕復何夕	共此燈燭光
少壯能幾時	鬢髮各已蒼
訪舊半為鬼	驚呼熱中腸
焉知二十載	重上君子堂
昔別君未婚	兒女忽成行
怡然敬父執	問我來何方
問答未及以	驅兒羅酒漿
夜雨剪春韭	新炊間黃粱
主稱會面難	一舉累十觴
十觴亦不醉	感子故意長
明日隔山岳	世事兩茫茫

憂患一生的唐朝詩人杜甫，在西元八七五年被貶華州，途經洛陽遇少年故友，並受到熱情招待。此時已經四十八歲的詩人，在安史之亂的世局中，年少友人多半已故或人事磨難不得相見；此時，仍能有把酒言歡的機會，自是嘆息不已。

全詩寫景入情，並用中國傳說中「參星」與「商星」的典故，來說明故友相見如何困難。傳說中有兩兄弟「參」與「商」，天天吵鬧不休，甚至大動干戈，天帝大怒將他們打入天上，一個成為夏季的星座「商星」（就是獵戶座），一個變為冬季的星座「參星」（就是天蠍座）；讓他們永不碰面。

詩人寫這段相逢艱難的感嘆、重逢的喜悅，以及世事滄桑的無奈惆悵；全詩憂患餘生的深刻感知，頗有天蠍座深刻感知人性深沉以及人世險惡的專長。

希臘神話 *Greek Mythology*

奧林帕斯山的天后希拉，被海神波塞頓的兒子
獵戶奧利安（Orion）的狂妄自大激怒，派出一
隻毒蠍子趁奧利安不注意時去蜇他，奧利安雖
被刺死，但毒蠍子也被踩死；希拉為了犒賞蠍
子成功執行任務，就將牠放在天上，成為天蠍
座。天神宙斯可憐奧利安，也將他放在天上，
成為獵戶座。

不過成為獵戶座的奧利安還是很怕蠍子來刺
他，所以只要天蠍座一出現，獵戶座就馬上消
失，宙斯為了避免他們在天上繼續爭鬥，也同
意將他們各放在永不相見的地方，獵戶座在冬
天的星空裏，天蠍座在夏季的星空，一個升起
一個降落，永不相見。

約西元1523年亞當與夏娃，
烏菲茲美術館典藏。

所羅門王之歌

我的佳偶，我將你比法老車上套的駿馬。

你的兩腮，因髮辮而秀美；

你的頸項，因珠串而華麗。

我們要為你編上金辮，鑲上銀釘。

王正坐席的時候，我的哪噠香膏發出香味。

我以我的良人為一袋沒藥，常在我懷中。

我以我的良人為一棵鳳仙花，在隱基底葡萄園中。

我的佳偶，你甚美麗，你甚美麗；

你的眼好像鴿子眼。

我的良人哪，你甚美麗可愛，我們以青草為床榻，

以香柏樹為房屋的棟梁，以松樹為椽子。

約西元1420年的作品，
〈東方三博士的膜拜〉，
現藏於烏菲茲美術館。

約西元1420年的作品，＜東方三博士的膜拜＞，現
藏於烏菲茲美術館。圖中東方三博士祝賀耶穌誕生
所送的三件禮物之一就是沒藥。

Signature Oil 相應精油

高山上極深的水潭，既「陰」寒又深沉，卻是陰中帶陽，陽光照射之處，轉化成深刻的精神領域。天蠍常與陰暗、死亡相關，在身體的反應上，也與不想為人所知的疾病有關，像是性病、泌尿疾病，或是排泄器官易患的疾病。「昇華」對天蠍子民來說，是個並不容易達到的標的。

In Spring 在春天～蒔蘿 Dill～

揮發得極快的陽性精油。這款精油的陽性特質與對泌尿系統的作用，正適合天蠍容易犯的毛病。

In Summer 在夏天～廣藿香 Patchouli～

具神秘感的陽性精油，有濃重潮濕的泥土味。它的殺菌性，頗適合容易感染病毒的蠍子。

In Autumn 在秋天～茶樹 Tea Tree～

可以直接使用在皮膚上的陽性精油。茶樹對付泌尿、生殖器官的感染作用，在精油中無出其右，可說是蠍子的常備精油。

In Winter 在冬天～沒藥 Myrry～

揮發得極慢的陽性精油。這款精油抗感染的特質，可以發揮到很深的作用，甚至它深沉的氣味，都非常適合天蠍。

Dill

蒔蘿

也許是白色的冰雪世界，又或許是藍色的海洋，賦予人們幻想的才能，一千多年前，這裡孕育出了被譽為北方《聖經》的《愛達經》，這部史詩也是歐洲兩大神話之一「北歐神話」的代表作。

北歐諸神生活在冷酷的、毫無生氣的自然界裡，他們大多是一些豪放、粗魯的海盜和武士，駕駛著五彩繽紛的「長船」。每當一位首領死去，他的部下就把他的船隻塗上瀝青，用火點燃，然後任它漂流而去，或乾脆就把整條船埋入岸邊的沙土之中。

北歐神話不僅開啓了日爾曼民族文學和藝術的想象力，充實和豐富了整個歐洲文明，同時也反映到西方人的日常生活用語中，以英語中一星期各個日子的命名為例，除了星期六（Saturday）源於羅馬的薩圖恩神（Saturn，即土星）以外，其餘六天的名字都來自北方諸神。

紅頭髮的雷神索爾（星期四的來源）是主神奧丁的兒子，他戴著一副特殊的綏帶和手套，具有超人的力量，能夠把岩石擊碎。奧丁主神作為海盜的統帥，有時以白隼的形象出現，這是最大的獵鷹，一般只在極地繁衍。傳說奧丁把自己變成白隼是為了給人們取來「鼓舞人心的蜜酒」，白隼後來成為冰島的國鳥，而「鷹字勳章」也成了冰島的最高獎賞。

冰島有個字「Dilla」是安撫孩童的意思，也可以衍生為風平浪靜，它更成為一種可以祛腸胃脹氣的植物，在英語世界的名字是「Dill」，中文稱「時蘿」。

特質

蒔蘿整株植物看似茴香，對腸胃消化也有幫助，但與茴香作用完全不同；它的作用對止痛、止嗝效果明顯。在精神上，它含有高量的醚類，可以放鬆舒緩，讓心思變得晶瑩剔透。孕婦不宜。

配方 1

功用 消除兒童脹氣
使用方式 按摩肚子
材料與精油劑量
甜杏仁油10ml＋羅馬洋甘菊1滴＋橘子1滴＋時蘿1滴

※以上三種精油都很溫和，不過時蘿氣味比較刺激，頗適合強烈的天蠍在只是感到肚子脹的時候使用。

配方 2

功用 平撫陰暗心緒、放鬆心情
使用方式 薰香
材料與精油劑量
薰香燈＋時蘿3滴＋橙花1滴＋橘子3滴

Patchouli

廣藿香

巴黎福寶大道二十四號剛好在街角轉口處，愛馬仕總部在此歡迎全球的時尚擁護者。

一九三七年，里昂的一位設計師與絲巾製作師傅，共同完成了一塊以咖啡色為底、馬車為主要圖案的方巾，自此每年都讓人引頸企盼他這一季的風采與主題。回溯一百年前，他不過是個製造馬具的公司，迄今他已累積了九百種絲巾的款式以及獨特的風采——一九九七「非洲之年」、一九九八「樹之年」、一九九九「繁星之年」、二○○一「世紀的微笑」……。

「世紀的微笑」選擇豐富的圖案和傳統的愛馬仕色——咖啡色系的艷麗色彩，展現藝術性以及異國情調。二○○二年的「手之年」，說明人透過雙手，與他人以及世界互動的重要。二○○二年春夏的「雙手」和「傳說」強調雙手除了能完成文明，更能傳達人類跟自然的各種情懷；「傳說」是取材自世界各地歷史悠久的美麗神話，與不為人知的種族文明，在愛馬仕的重新詮釋下，成為一幅幅獨特而令人難忘的生活樣貌。

除了愛馬仕的經典方巾，絲巾還有一個美麗的傳說，英國東印度公司從神秘的印度帶回神秘的薰香劑，它擁有的神秘東方氣味，吸引了英國仕女；發展中的英國紡織工業取得這獨特配方，將英國大方巾銷往歐陸以及全世界。

這神秘的東方情調，就是印度人的傳統薰香劑——廣藿香，它可是製作香水不可或缺的定香劑。

特質 *character*

　　此款精油揮發得很慢，是很好的定香劑，也因此宜低劑量使用，免得造成反胃。但它是很好的健胃藥材，在中藥裡有這味藥材，著眼於它的殺菌效果。

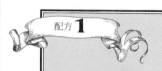

配方 1

功用 消除嗜睡

使用方式 薰香

材料與精油劑量

薰香燈＋廣藿香3滴＋檸檬2滴＋迷迭香2滴

―――――――――

※不但氣味強烈，其殺菌功效也非常強，是個殺菌除臭的好配方。

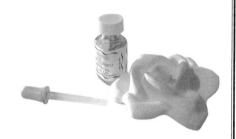

配方 2

功用 外生殖器官或內外痔清潔

使用方式 盆浴

材料與精油劑量

熱水1盆＋廣藿香2滴＋茶樹2滴＋薰衣草1滴

Tea Tree

茶樹

千萬別誤會，它跟我們慣常喝的茶一點關係都沒有。它的英文名字最早是「Ti-Tree」，因緣際會以訛傳訛被拼成「Tea-Tree」反倒容易被誤會是紅茶、綠茶，甚或花草茶。

想來最早使用茶樹來治療傷口及皮膚潰爛的澳洲毛利人也會啼笑皆非，因為他們從來不知道什麼是烏龍茶。

第一次大戰後輾轉傳到歐洲，歐洲人才開始研究它，拿它來跟綠花白千層以及香桃木（**Myrtle**）做比較，發現它抗感染的功效顯著，在芳香療法的使用上，後來居上。

第二次大戰時，軍需藥品大量增加，醫療界對茶樹的研究更精進，發現它對化膿、殺菌有非常好的效果，很適合拿來處理傷口。

五○年代開始，美國人對它發生莫大的興趣，發現它是葡萄球菌以及念珠菌的剋星；八○年代開始，愛滋病蔓延迅速，研究人員對它抱以更大的期望，希望能找出對抗愛滋的藥物，雖然它不能直接殺死AIDS病毒，不過它在免疫系統上的功能還是深受重視。

茶樹跟白千層屬植物幾乎是澳洲的特產，但茶樹拿來提煉精油的時間較晚，但它後來居上，在抗感染的效果上，更甚於其他。

茶樹經過一百年來的研究，以及可以直接使用在皮膚上的方便性，與薰衣草一般，是家庭常備精油。

特質

茶樹成樹高約八公尺，一如其他白千層屬或桃金孃科植物，有細長的葉子、會開淡黃色的花，以及木質果實，樹皮一如會脫皮的蛇皮；喜歡生長在潮濕地帶，因此在澳洲新南威爾斯被有計劃的栽種。

配方 1

功用 治療青春痘
使用方式 抹擦患部
材料與精油劑量
乳膠*10ml*＋茶樹*3*滴＋佛手柑*2*滴

配方 2

功用 陰道感染（念珠菌）
使用方式 盆浴
材料與精油劑量
熱水*1*盆＋茶樹*5*滴＋絲柏*2*滴＋薰衣草*2*滴

Myrrh

沒藥

他的兩腮如香花畦，如香草園。他的嘴唇像百合花，且
溢滿甜美的沒藥汁。

—— 《所羅門王之歌》

約二十年前，葛利果聖歌再度風行一時，不論是不是基
督教世界，由古典樂界發起的回到中古世紀的雅音，在全世界
風起雲湧。

聖歌專輯＜黃金、乳香與沒藥－木管與管風琴的禮讚＞
是管風琴、薩克斯風及長笛的合奏。音樂動聽感人的程度，如
行雲流水、餘韻不絕。這張以《聖經》中東方三博士獻給初生
主的三件禮物，黃金、沒藥和乳香為主題的唱片——以黃金代
表清淨、沒藥展示神性，以及氣味幽遠甜美的乳香。

這個故事之外，《聖經》中還有一段上帝教摩西三種香
料的做法，其中最重要的就是沒藥，可見得沒藥作為香料植物
的歷史有多久遠。

除了《聖經》之外，古埃及人或中國人的藥典中，也記
錄了許多以沒藥入藥的紀載，最著名的是它的抗菌性，李時珍
在《本草綱目》中就有沒藥對治療外傷、潰
瘍以及排除子宮內的穢物或體液等功效的
記載。

我想子宮內的穢物對現代女性來說，
應該就是白帶或感染了念珠菌；不然就是生產
時的惡露。

Winter

特質

　　沒藥精油的揮發速度很緩慢並會飄出苦味，與其
他樹脂類精油一樣，殺菌效果好之外，使用劑量不宜過
高，孕婦也不宜使用。在醫藥上有類似荷爾蒙的作用，
可以抑制性慾；當然沒藥除了是很好的殺菌劑，最強的
功能是作爲「創傷藥」。

配方 **1**

功用 外陰部感染
使用方式 盆浴
材料與精油劑量
沒藥 4 滴 ＋ 岩蘭草
（Vetiver）2 滴＋薰衣草1
滴

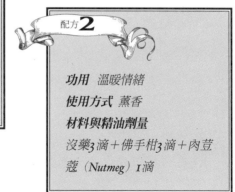

配方 **2**

功用 溫暖情緒
使用方式 薰香
材料與精油劑量
沒藥3滴＋佛手柑3滴＋肉荳
蔻（Nutmeg）1滴

射手座

Sagittarius

11/23～12/21

三方：轉動宮

四正：火象

角色：他是一位遊俠。

生命之火，轉化傳遞下去。

象徵 *Symbol*

日期 *Date*

11/23～12/21

這期間有個「Diwali」——印度新年，又稱
「排燈節」，是供奉女財神的節日，是個歡樂的節慶。

印度女財神

宙斯雕像

主宰行星 *Planet*

木星（Jupiter）。木星是幸運的表徵，其守護神宙斯——奧林帕
斯山上的眾神之神，羅馬神話中的朱庇特（Jupiter），為克洛諾
斯與蔓亞所生的最小兒子。

〈宙斯與泰蒂斯〉，1811年，安格
爾。

克洛諾斯推翻他的父親烏拉諾斯得到統治權，他得知自己會和
父親一樣被自己的孩子所推翻，於是把他的孩子們
吞進肚子。他的妻子蔓亞因為不忍心宙斯也被吞進
肚子，於是拿了塊石頭假裝是宙斯給他吞下。宙斯
長大後，聯合兄弟姐妹一起對抗父親，經過十年爭
戰，在祖母大地女神蓋亞的幫助下戰勝了父親。

宙斯和他的兄弟波賽頓和黑地斯分管天界、海界、
冥界。從此宙斯成為掌管宇宙的統治者。木星的拉
丁名即起源於他。

文學表述 *Narrative*

＜快樂頌＞

嗨！親愛的朋友，別再唉聲歎氣，讓我們一同高唱快樂的歌曲！

歡樂女神聖潔美麗，光芒照耀大地，我們熱情洋溢，來到你的聖殿裡。你的魔力凝聚了東奔西走的人們，在你溫柔的羽翼下，四海皆兄弟。

誰能找到高貴友誼，誰能覓得幸福愛侶，大夥歡聚一堂，分享喜悅歡欣。人生在世渴求知己，若是苦尋不得，只能暗自飲泣！

在這片美好的大地上，世間萬物喜洋洋；無論善惡與美醜，一同沉浸玫瑰花香。上蒼賜予我們玉液瓊漿，還有生死與共的好友。芸芸眾生同享歡樂，天使齊聲歡唱！

歡樂就像太陽，馳騁在浩瀚穹蒼；英勇的戰士們，上路吧！邁步迎向勝利戰場。

普天下的兄弟們，相擁相親吧！天上住著我們慈愛的天父。
世人要臣服在造物者的腳下，崇敬慈愛的天父。
就在宇宙穹蒼、日月星辰之間，是我們慈愛的天父啊！

（An die Freude）席勒（Friedrich von Schiller,1975-1805）
詩作，也是貝多芬第九號交響曲最末的大合唱曲

註記 *Note*

貝多芬創作＜第九號交響曲＞時，雙耳全聾、人生困頓；並在歐陸爭戰的陰影下，生活拮据失去保障。

作讀席勒詩作，作曲家仍然胸臆澎湃思緒起伏；因此在第四樂章以這首席勒的＜快樂頌＞為禮讚。使用聲樂四個獨唱和混聲大合唱團於交響曲中，在音樂史上也是創舉。

＜九號＞首演最終，掌聲遲遲不歇，此時全聾的貝多芬（誕生於西元1776年12月16日）聽不見背後全場起立的雷動掌聲，女高音將他牽到台前接受敬禮，他才知道這首曲子感動了這麼多人。

以這首詩作獻給一向高遠的射手，人唯有高瞻遠矚，才能成為曠世之人。

An die Freude by Friedrich Schiller

O Freunde, nicht diese Töne!

Sondern lasst uns angenehmere anstimmen und freudenvollere.

Freude! Freude!

Freude, schöner Götterfunken,

Tochter aus Elysium,

Wir betreten feuertrunken, Himmlische, dein Heiligtum!

希拉發現宙斯與伊歐，
1618年拉斯曼，倫敦國
家畫廊。

Deine Zauber binden wieder,

Was die Mode streng geteilt;

Alle Menschen werden Brüder,

(Schillers Original: Was der Mode
Schwert geteilt; Bettler werden
Fürstenbrüder,)

Wo dein sanfter Flügel weilt.

Wem der große Wurf gelungen,

Eines Freundes Freund zu sein;

Wer ein holdes Weib errungen,

Mische seinen Jubel ein!

Ja, wer auch nur eine Seele

Sein nennt auf dem Erdenrund!

Und wer's nie gekonnt,

der stehle Weinend sich aus diesem
Bund!

Freude trinken alle Wesen

An den Brüsten der Natur; Alle Guten,

alle Bösen Folgen ihrer Rosenspur.

Küsse gab sie uns und Reben,

Einen Freund, geprüft im Tod;

Wollust ward dem Wurm gegeben,

Und der Cherub steht vor Gott.

Froh, wie seine Sonnen fliegen

Durch des Himmels prächt'gen Plan,

Laufet, Brüder, eure Bahn,

Freudig, wie ein Held zum Siegen.

Seid umschlungen, Millionen!

Diesen Kuss der ganzen Welt!

Brüder, über'm Sternenzelt

Muss ein lieber Vater wohnen. Ihr stürzt nieder, Millionen?

Ahnest du den Schöpfer, Welt?

Such' ihn über'm Sternenzelt!

Über Sternen muss er wohnen.

Finale repeats the words: Seid umschlungen, Millionen!

Diesen Kuss der ganzen Welt!

Brüder, über'm Sternenzelt

Muss ein lieber Vater wohnen.

Seid umschlungen, Diesen Kuss der ganzen Welt!

Freude, schöner Götterfunken,

Tochter aus Elysium, Freude, schöner Götterfunken

希臘神話 *Greek Mythology*

半人半馬的凱龍是克羅納斯（**Kronos**，意即土星）與海妖費拉（**Philyra**）的兒子，也是半人馬族的成員之一。因為他擁有神性父親的血脈，所以有不死之身。但他一生下來，即為母親所棄養，並由阿波羅等眾神撫養長大，教他狩獵、醫藥常識、藝術，以及各項技藝；因此他也成為希臘眾多英雄的導師。例如，參加特洛伊戰爭的阿基里斯（**Achilles**）、率領阿果戈號的英雄傑生，也是「醫藥」之神。

克洛諾斯吞食自己的孩子。

半人馬是一群好戰、殘暴的份子組成，凱龍是裏面最良善的成員：一天他們聞到英雄赫拉克勒斯的酒味，就率眾前往打架鬧事。赫拉克勒斯帶著塗了怪蛇海德拉毒液的劍應戰，混戰之際，一些人馬跑到森林中，一些跑到凱龍的洞穴裡，赫拉克勒斯往洞穴射箭，射中凱龍的腳踝。

具有不死之身的凱龍並不會死，但是卻比死了更難過，因為被巨毒侵蝕的腳踝，痛楚蔓延全身，不會消散。

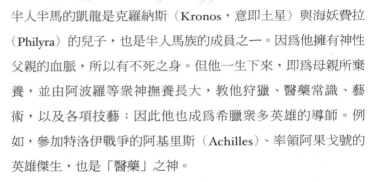

凱龍實在無法忍受這樣的痛苦，就將不死之身讓給了普羅米修斯以求得安息。他死後，因為教育希臘眾多英雄有功，所以天帝宙斯將他化作天上的人馬座，意即射手座。

Signature Oil 相應精油

擁有高遠理想的射手，一如射出的火箭，往前向上衝去；他具有陽性的能量，也會造成過度膨脹與擴張。人體中有淨化功能的肝臟系統，是射手容易患的疾病；肝臟屬陰，在精油使用上，盡量以陽性精油為主。在骨骼方面，坐骨神經炎、風濕也跟射手有關。在精神上，過度膨脹的射手，有時需要「冷靜」。

In Spring 在春天～胡蘿蔔種籽 Carrot Seed～

保養、健肝胃的陽性精油。它的淨化功能是肝容易出毛病的射手，非常需要的一款精油。

In Summer 在夏天～檸檬 Lemon～

淨化肝胃的陽性精油。在按摩油的配方中通常會加檸檬精油，因為對排毒有很好的效果；會有坐骨神經問題、骨骼、肝臟的排毒需要之射手，可以將這款精油當常備精油。

In Autumn 在秋天～雪松 Cedar～

主要有紅雪松以及白雪松精油，分屬松科與柏科，均為陽性精油。它的排毒、利尿特性，非常適合易過度消耗體能的射手。

In Winter 在冬天～龍艾 Tarragon～

菊科的抗感染功效卓越，含豐富的醚類，陽性精油。這款精油可以緩和患有坐骨神經痛或其他神經痛的射手。

Carrot Seed

胡蘿蔔種籽

生來就是富貴豪門之子，什麼世態炎涼營營生計從來沒聽說過，十八歲娶妻納妾，開始接掌家業也開啟新的世界。花花世界令人眼花撩亂，也讓人沉醉在煙花迷障裡；流光迴轉，又一個翩翩年少踏出一場風流韻事，卻從不曾發現旁邊有位殷實青年賣力刻畫人生大計。

直到有一天，富家千金愛上的不是豪門貴冑而是窮酸小子；一場爾虞我詐的商場廝殺，贏的不是事事順遂的少年頭家而是初露頭角的新貴，而對年輕時一場錯愛戀戀不忘的掌門人，終於忍不住要與這流浪在外，才情充分的私生子，相認歸家。

這樣的尋常豪門恩怨劇情，讓我想起胡蘿蔔這種植物，其實人類遲至西元一百年左右才知道胡蘿蔔可以當食材、可以入藥，而現在大家熟悉的橘紅色胡蘿蔔是近三百年才由荷蘭人培育出來，遍栽於歐洲臨海地區。

雖然胡蘿蔔的栽培如此緩慢，但它從根莖到種子甚至葉子都被人類所善用，尤其胡蘿蔔種籽萃取成功之後，胡蘿蔔種籽油成為芳香療法最佳的皮膚用油，相較於以往胡蘿蔔浸泡油，胡蘿蔔種籽油可以運用的範圍更廣更精。

可是最好的胡蘿蔔種籽油，卻是生於家門外的野生胡蘿蔔種，因為野生種不能食用，在夏天時會開小白花，花盡葉枯才會看到新鮮的種籽。

Spring

或許朔風野大環境艱難，野生胡蘿蔔才會盡全部的生命
力只為延續新的生命，全力讓種籽蔓延出去，就連根莖葉都不
能存活，只留下種籽。

特質

　　胡蘿蔔的英文名字源自希臘文「carotos」，被認為有利肝與利胃的效
用，直到工業革命前，歐洲人才發現它對皮膚的好處，開始研究它對皮膚的
功能。十九世紀時又發現它對免疫系統的作用，自此人們視胡蘿蔔為人類最
佳的食物，諸如對眼睛、貧血、肝病、便秘……等各種生理疾病都有不錯的
效用。

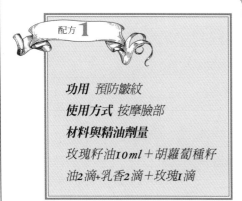

配方 **1**

功用 預防皺紋
使用方式 按摩臉部
材料與精油劑量
玫瑰籽油10ml＋胡蘿蔔種籽
油2滴+乳香2滴＋玫瑰1滴

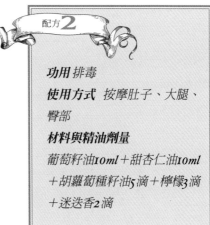

配方 **2**

功用 排毒
使用方式 按摩肚子、大腿、
臀部
材料與精油劑量
葡萄籽油10ml＋甜杏仁油10ml
＋胡蘿蔔種籽油5滴＋檸檬3滴
＋迷迭香2滴

檸檬

一位叫彼得的人，帶著一群農夫向東遠征，目的很奇怪，沒有作戰經驗，連武器都是農具、鋤犁的農夫能做什麼呢？

他們看到一片綠油油的有刺灌木，一種他們未曾見過的小樹；這是柑橘屬植物中最為矮小的，細小分枝很多，橢圓形的葉子在陽光下閃閃發亮，開花時香氣強烈，多為小白花或有淡紅色的花朵。

這片小樹叢是檸檬樹叢，一種歐洲人從未看過的果實。

英文的檸檬源自於阿拉伯文，有柑橘類水果的意思。雖然原產地在亞洲，可是歐洲人在十字軍東征時帶回歐洲之後，就以檸檬為薰香劑以及驅蟲劑。

希臘羅馬人說檸檬是波斯的蘋果，因為是從那裡傳到羅馬；羅馬的園藝家也對栽植檸檬有很大的興趣，一大片、一大片的檸檬樹就從羅馬向義大利各地蔓延開來。阿拉伯人將檸檬帶到北非，北非的摩爾人再將它帶到伊比利半島，所以安達魯西亞也成為檸檬的主要產地。

這群農夫是第一次十字軍東征的第一批主力，他們終究不是戰士，傷亡慘重可想而知，沒有在戰場上戰死的農夫，帶著一顆綠油油的檸檬回到歐洲。

特質

檸檬種類繁多，果皮是冷壓精油的來源，其實以手壓榨果皮就會有精油滴下來，甚至比蒸餾的純度還高。它被運用得很廣；消化系統的袪脹氣、幫助消化、清新口氣。它也有柑橘屬精油的特質，敏光性、不易保存。

功用 美白淡斑
使用方式 調成護膚油按摩臉部
材料與精油劑量
山茶花油10ml＋檸檬2滴＋玫瑰1滴＋羅馬洋甘菊1滴

※由於柑橘類精油敏光性的特質，此配方宜於夜間使用。

配方1

功用 淨化肝臟或消化系統
使用方式 按摩胸部、胃部
材料與精油劑量
甜杏仁油10ml＋小麥胚芽油5ml＋檸檬5滴＋杜松子3滴＋薰衣草2滴

Cedar

雪松

我最不會削鉛筆了，可是又特別喜歡聞鉛筆屑的味道，小時候阿公幫我削鉛筆，我總是很熱心地在旁邊看，而且很快地將鉛筆屑收集起來，聞一聞再慢慢一點一點地放到屬於紙的那個垃圾桶；還有一件我會從頭跟到尾的事，就是阿公刮鬍子的時候。

有一陣子賣刮鬍刀的廣告，請了很帥的男人在廁所的鏡子面前，一邊講話一邊刮鬍子，我就很擔心那群男人會不會刮到臉皮。因為在我的記憶中，男人刮鬍子應該是很重要的工作，一定要謹慎小心——搬張椅子到庭院裡，備好水和毛巾，叫你最信任的人拿著鏡子，慢慢地的從耳鬢邊開始刮，安靜的空氣中會飄來淡淡的木質味，有點近似檀香的味道也有點像鉛筆的味道。

嗯，有個人聽我評論完男人該如何刮鬍子後，淡淡的丟來一句：「這樣也太奢侈，太華麗了吧！」的確，住在都市的男人最多也只能站在陽台上刮鬍子，說不定還會被站得比你高的男人潑了一身水。

不過都會男子也不是不能過得華麗一點，以下的配方就不是一般人能有的奢華享受；淡淡的木質香配上清新涼爽的青草味，會讓你一整天都很振奮，而且它的收斂效果良好，即使不小心刮傷了皮膚也沒關係。

特質

　　一般以紅雪松與白雪松來區分雪松精油，但功效近似。紅雪松的氣味與側柏近似；白雪松又稱為「大西洋雪松」，被稱為有療效的眞正雪松精油。

　　眞正雪松精油氣味乾燥，有點檀香味。孕婦避免使用，以免流產。

功用 刮鬍水
使用方式 於刮鬍後，抹擦臉部
材料與精油劑量
純水20ml＋雪松7滴＋薰衣草3滴

───────────────

※抹擦時以雙手配合拍打皮膚，吸收效果會更好。

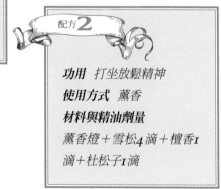

功用 打坐放鬆精神
使用方式 薰香
材料與精油劑量
薰香燈＋雪松4滴＋檀香1
滴＋杜松子1滴

Tarragon

龍艾

看來膽小怕事，但不屈不撓的唐吉訶德的確害怕又崇拜摩爾人，在書裡不斷提到摩爾人英勇恐怖；也或許是西班牙人忘不了被摩爾人統治八個世紀的歷史記憶吧。

摩爾人對歐洲人來說，除了驍勇善戰之外，對他們永遠蒙著一層神秘面紗的印象，也有強烈的好奇心；從法國畫家熱羅姆詩意盎然的《沐浴的摩爾人》，雖然有某種虛構性，但也可以看出歐洲人對阿拉伯的閨閣及浴池遐想——畫上鑲有阿拉伯雙色圖案的大理石浴池、黑女人……在在充滿著異國情趣的生活氣氛。

摩爾人除了帶著華麗的生活型態到歐洲，還將中東的神秘植物龍艾帶來，龍艾又稱「小龍」、「龍之草」，唐吉訶德的人生目標就是屠龍，對這龍之草卻異常喜愛，因為西班牙人最豪華的沙拉，裡面一定有龍艾的嫩葉。

特質

　菊科精油通常氣味獨特、刺鼻，龍艾味道雖濃但是比較沉靜；因為它滋捕的效果遠近馳名，與東方的艾草一般，可以增進女性生殖問題，排毒效果不錯（尿酸）。消除疲勞的功效，也頗負盛名。

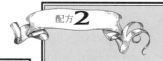

配方2

功用 排毒、舒緩坐骨神經痛
使用方式 泡澡
材料與精油劑量
熱水1缸＋＋龍艾3滴＋薰衣草3滴＋橙2滴

配方1

功用 減肥塑身
使用方式 按摩肚子、臀部、大腿均可
材料與精油劑量
甜杏仁油10ml＋龍艾2滴＋黑胡椒1滴+茴香1滴＋葡萄柚1滴

魔羯座

Capricorn

12/22～01/20

三方：基本宮

四正：土象

角色：他是一位經營者。

一座大山，望之儼然。

象徵 *Symbol*

日期 *Date*

12/22～01/20

一年中最冷的時節，萬籟俱寂。

主宰行星 *Planet*

土星（Saturn）——薩圖努斯（Saturnus，羅馬神話中的名字），在希臘神話中是克洛諾斯——天王星（Uranus，尤拉納斯）和蓋亞（Gaia，大地）的兒子，也是宙斯的父親，掌管農業之神。

土星動作遲緩，「29‧46」年才繞太陽一圈，顯得「穩重」，古人便將它看作時間和命運之神的象徵；在羅馬神話中土星的名字「Saturn」也是英語中星期六（Saturday）的詞根。

Saturnus

1609年科學家伽利略剛製造出天文望遠鏡，歡欣鼓舞之際，拿它來東瞧瞧西看看，發現了月球的環形山和木星的四個大衛星；讓他氣餒的卻是當他把鏡筒對準土星時，他發現土星兩側各有一個「耳朵」。

文學表述 *Narrative*

Schubert：Winterreise by Wilhelm Mueller

舒伯特的＜冬之旅＞ 作詞：慕勒

5. The Lime Tree
第五首 菩提樹

By the fountain at the gate

there stands a lime tree：

in its shadow I have dreamed

many a sweet dream.

井旁邊大門前面有一棵菩提樹

我曾在樹蔭底下做過甜夢無數

On its bark I have carved

many a loving word.

In joy and sorrow it drew

me to it continually.

我曾在樹枝上面刻過寵句無數

歡樂和苦痛時候常常走近這樹

註記

《冬之旅》是德國詩人慕勒發表在媒體的詩作，一八二三年與舒伯特完成《美麗的磨坊少女》之後，舒伯特發現詩人在媒體發表的新作，非常喜歡；就將其中十二首集結，於一八二七年二月發表。

第五首，＜菩提樹＞很能說明魔羯座的少年老成，以及年少時通曉生命的意涵與命運坎坷的人生。

Winterreise by Wilhelm Mueller

Today again I had to walk

past it at dead of night.

and even in the darkness I

closed my eyes.

彷彿像今天一樣我流浪到深更

我在黑暗中經過什麼都看不清

And its branches rustled

as if they called to me：

‘Come here to me , friends,

here you will find your rest.’

依稀聽見那上面對我簌簌作聲：

「朋友來到我這裡你會找到安靜」

這件模仿希臘時代帕特
農神殿女神像的作品，
其實是1512年羅馬教皇
收藏在梵蒂岡的＜沉睡
的阿利亞多尼＞，就是
酒神戴奧尼索斯的妻
子。現藏於克里門提諾
美術館。

<諸神的盛宴>1514
年，喬凡尼。

The chill wind blew

straight in my face:

my hat flew off my head.

I did not turn back.

冷風呼呼地吹來正對著我的臉

頭上的帽被吹落不忍轉身回看

Now I am many hours

away from that place;

yet still I hear the rustle:

'There you would have found rest.'

倘老來希望不能遂我誓永遠不歸返

我誓永不歸返

(翻譯 國立編譯館)

希臘神話 *Greek Mythology*

賀密斯的兒子山野之神潘恩（Pan，也是牡羊神），是奧林帕斯山眾神裡最有趣的一位；他有山羊的角跟蹄，甚至連山羊鬍子都有了。他擅長音樂會吹一種用蘆葦以及稻草做成的笛子——西里尼（Syrinx）——雖然眾神都喜歡他來湊熱鬧，一起飲酒唱歌，可是有時對他的瘋狂熱情也無法消受。

眾神在河邊飲酒作樂，潘恩也來插一腳，正當宴會達到最高潮，跟宙斯有仇的泰坦族人泰風（Typhon）出現了，他除了來搗亂歡樂的氣氛之外，並把目標瞄準宙斯，要將宙斯大卸八塊。

宙斯為了感謝潘恩的幫助，將他放在天上成了魔羯座，而羊頭魚尾的形狀也成了魔羯座獨特的表徵。

眾神無暇他顧，各自奔逃；宙斯的腳被砍斷，潘恩跳到河裏，可是游得不靈活，只好將沉在水裡的下半身變成魚尾，總算逃過一劫。

潘恩發現宙斯的四肢被海怪砍斷丟到大海，以笛聲示警並找來父親將四肢尋回，宙斯才變回原來的樣子。但是羊頭魚尾的潘恩卻以他的怪樣子繼續在山林中遊蕩，宙斯為了感念他的幫助，將他放在天上變成山羊座，也就是摩羯座。

Signature Oil 相應精油

這個被認爲沉重的星座，在於他的老成持重與早熟，雖然是「陰」星座，卻讓人感到厚重。在身體上的問題也呈現出骨骼、關節等相關系統的毛病，甚至在皮膚上都是以硬殼的癬、疣爲主的皮膚病。魔羯的陰鬱會表現出無情、剛強，或是固執，「軟化」需要眞誠當藥引。

In Spring 在春天～荷荷芭油 Jojoba Oil～

芳香療法中最常見的基礎油，是拿來調配與風濕、濕疹等骨骼、皮膚病有關的精油，正適合魔羯座。

In Summer 在夏天～金盞花油 Calendula～

它有「骨骼之油」的美名，可以當基礎油，也可以單獨使用對癒合骨頭、關節，有好名聲，無庸贅言，它絕對是屬於摩羯座的油。

In Autumn 在秋天～白松香 Galbanum～

陽性繖形科精油，雖然有激勵作用卻帶緩和平復的特質，它的氣味很能提振消沉的魔羯。

In Winter 在冬天～肉桂 Cinnamon～

陽性具刺激性精油，讓人感到很溫暖的精油，陰鬱的魔羯需要溫暖的肉桂。

Jojoba Oil

荷荷芭油

男子雷夫從小生長在澳洲內陸沙漠邊緣，他準備出發前往澳洲那許維爾一圓他的鄉村歌手音樂夢。就在公路上搭便車時，遇見了性感美豔卻心地善良的女子派西克萊和她的瘋狂男友鮑伊，鮑伊討厭鄉村音樂並深惡痛絕，沒想到陰錯陽差一場誤會引來警察，導致雷夫和鮑伊雙雙入獄。

這是澳洲公路電影＜荒漠裡的玫瑰＞的劇情，劇情或許不突出，可是一路上沙漠景象——火紅的仙人掌花、艷麗的夕照、詭異的蜥蜴，以及塵砂飛揚的荒涼無措。

或許你也覺得這樣的公路電影並不陌生，沙漠邊緣殘酷的生存競爭，映襯年輕的心企圖衝破荒蕪的牢籠，許多導演都處理過；可是不經意的卻發現一種澳洲原生植物荷荷芭，兀自在鏡頭邊緣佇立著。

荷荷芭是一種沙漠植物，在南加州、亞利桑納州、以色列、澳洲等沙漠邊緣都可以找到它的蹤影。萃取自荷荷芭豆的油質，非常滋潤，無任何味道，且油質較厚重，具有高度穩定性，能耐強光、高溫而保持結構不變，是可以久藏的油。

可是你終究會發現它不是真正的油質，而是一種蠟油，卻因此而有不會腐臭的特質。

一如終有一天你會發現，夢想難以實踐成為理想，人生需要時間來鍛鍊，才會變得有重量，雖然早已遠離年輕時的夢。

特質

最初荷荷芭被拿來替代鯨魚油，因爲它的結構與皮脂腺相似，很適合用來當皮膚保養油；不過它最珍貴的地方在於抗發炎的作用。

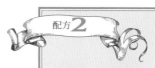

配方 2

功用 治療風濕痛
使用方式 按摩關節、小腿風濕性酸痛部位
材料與精油劑量
荷荷芭油10ml＋馬鬱蘭3滴＋迷迭香2滴＋杜松子1滴

配方 1

功用 護髮
使用方式 按摩頭皮
材料與精油劑量
荷荷芭油10ml＋檀香1滴＋依蘭依蘭2滴＋百里香（Thyme）2滴

※按摩約5～10分鐘後，以清水沖淨即可；可每週進行一次。

Calendula

金盞花油

他們每天要消耗五十罐「神的食物」，這位阿茲特克人最高的首領蒙特祖馬跟他的大臣們，在奧爾發克印地安人發現可可樹的果子是人間美味之後，在這中南美洲尚未被血染的大地上，愉快地享用巧克力的每一天。

這是奉獻給南美洲阿茲特克人的一種花。西班牙征服者為了尋找金子，在柯爾特屠殺了許多阿茲特克人。據說有些金盞花上的斑點就是阿茲特克人的鮮血，西班牙人將金色的花朵同他們的掠奪物——可可、黃金，以及所有能帶回歐洲的東西，一起漂洋過海送回歐陸。

他們以為這色彩斑斕的花朵，本就是自家花園中的尋常植物。

這遍生於南歐花園的金黃色花朵，雖是尋常花園裡的一般花草，歐洲人也以為這花與生俱來就在他們的花園裡，因為屠殺的記憶誰也不想留下，尤其是曾經犯下罪行的人。

時光流逝，或許傷口隨著時間會慢慢癒合，但疤痕仍舊在。而金盞花就成了撫平疤痕最佳的療傷劑。

特質

它具備菊科植物良好的抗發炎作用，歐洲人喜歡拿來製作藥草膏，被蚊蟲叮咬或皮膚龜裂，都可以塗抹。它可以直接使用也可以當作按摩油的基礎油。

功用 治療關節炎
使用方式 按摩關節
材料與精油劑量
聖約翰草油5ml＋金盞花油5ml＋德國洋甘菊3滴＋薰衣草2滴＋絲柏1滴

功用 治療曬傷
使用方式 塗抹於曬傷部位
材料與精油劑量
金盞花浸泡油10ml＋薰衣草2滴＋洋甘菊2滴＋乳香1滴

Galbanum

白松香

我現在教你一套最有效而且對任何人都適用的靜坐法。這是靈性修行的第一步。一開始是每天抽出幾分鐘，當你漸漸可以感受到靜坐之樂時，就將時間延長。不妨利用黎明之前的時段，這段時間比較適合，因為經過一夜的睡眠，身體的精力已恢復而一天的忙碌還未開始。〈火光冥想法〉

現在要再教你一種冥想美容法 這是一種獨特而新穎的美容妙方，讓你容光煥發神采飛揚。

在心中選擇一個你最羨慕的、漂亮的、健美的人，閒暇時就閉目浮想她（他）的音容笑貌，以及健美勻稱的身影。長此以往，你會驚奇地發現，你的容貌和體態能變得和她（他）接近，自己也漂亮多了。

我不知道冥想對你的人生有什麼用處，不過如果你喜歡，我可以推薦白松香讓你的冥想功課更精進。

Autumn

特質

　　百松香是一款很沉靜的精油，修行者打坐時也會用來薰香。雖然是草本生植物，但切開莖幹會有膠質般的樹脂流出，精油即以這些樹脂蒸餾萃取。呈橄欖綠的液體，聞起來像乾乾的灌木叢，有鎮靜效果。

功用 鎮靜心神
使用方式 薰香
材料與精油劑量
薰香燈＋白松香4滴＋檀香4滴

※很適合於打坐及冥想時使用

功用 治療膿瘡
使用方式 調製為藥膏塗抹患部
材料與精油劑量
基礎乳霜10ml＋白松香3滴
＋乳香2滴

Cinnamom

肉桂

聖方濟教會的修士穿著褐色道袍、帶著一頂尖尖的帽子，魚貫從教堂走出來，義大利人覺得這身打扮實在太可愛、也有趣極了，於是給他們取了個名字「Cappuccino」，也就是僧侶所穿的寬鬆長袍和小尖帽，原來的字義也是義大利文的「頭巾」。

十六世紀，從東方傳來的咖啡飲料，經過義大利人的改良與融合當地的文化，發現濃縮咖啡加牛奶以及奶泡混合後，除了有咖啡的醇郁還有牛奶的香濃，於是這種牛奶加咖啡又有尖尖奶泡的飲料，跟聖方濟修士的服裝還真像，就叫卡布其諾（Cappuccino）。

「我想回到我那海灣邊的城市故鄉，我的心失落在舊金山，它那高高的山丘正呼喚著我，……」這是一首傳誦多時的名曲＜我的心失落在舊金山＞，同樣地在一九四八年「Cappuccino」這個字也失落在舊金山，這個字就此變成英語世界耳熟能詳的字，這種有奶泡的咖啡在一九九○年以後，成為風行全世界的飲料。

舊金山的卡布其諾，上面灑了一層肉桂粉，灑了一層從中國來的肉桂或者是從錫蘭來的肉桂，前者氣味輕柔、後者味道醇厚，然而不論哪一種都有一種溫暖的感覺，卡布其諾加肉桂，在這個東西方文化交雜的地方，溫暖浪跡天涯的旅人。

肉桂的確是溫暖的東西，它可以暖胃也能暖你的心。

特質

　　肉桂整株樹都能萃取精油，但肉桂皮、枝幹，或葉子等不同部位萃取出來的精油，各有不同特質與功效。肉桂皮萃取的精油有催情效果，葉子萃取的精油在身體的作用上比較大，像是胃部、抗菌，或是止血。肉桂皮萃取的精油用於薰香時，應低劑量使用；敏感肌膚者不宜使用。

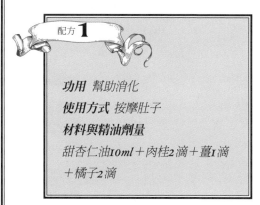

配方 **1**

功用 幫助消化
使用方式 按摩肚子
材料與精油劑量
甜杏仁油*10ml*＋肉桂*2*滴＋薑*1*滴
＋橘子*2*滴

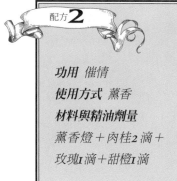

配方 **2**

功用 催情
使用方式 薰香
材料與精油劑量
薰香燈＋肉桂*2*滴＋
玫瑰*1*滴＋甜橙*1*滴

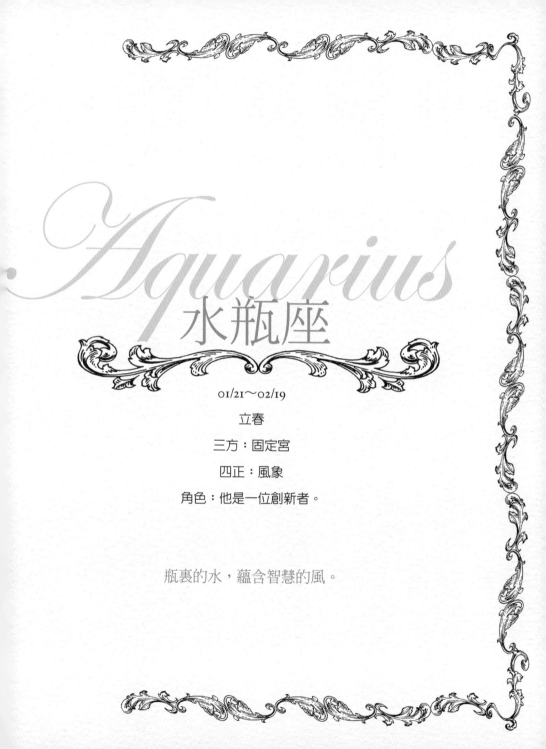

Aquarius
水瓶座

01/21～02/19

立春

三方：固定宮

四正：風象

角色：他是一位創新者。

瓶裏的水，蘊含智慧的風。

象徵 *Symbol*

日期 *Date*

01/21～02/19

立春，漢民族農民二十四節氣的第一個節氣，萬物甦醒，白日
漸長。

主宰行星 *Planet*

土星（Staurn）、天王星（Uranus）。代表天王星的神祇——烏
拉諾斯（Uranus），祂自大地之母蓋亞的指尖誕生，象徵希望與
未來；並代表了天空。

傳說蓋亞在太陽自東方升起時許下諾言，要將希望的
種子植入每一個在地球上出生的生命。於是宇宙賜給
大地烏拉諾斯，代表第一個希望。

文學表述 *Narrative*

La damnation de Faust/Deuxi?me Partie/Sc?ne IV

浮士德的天譴／第二幕／第四景

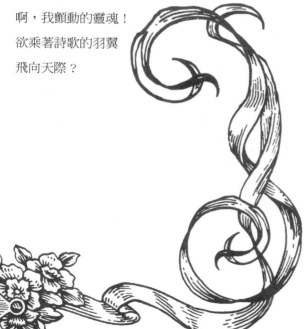

Faust：

O Souvenirs!

O mon âme tremblante!

Sur l'aile de ces chants

Vas-tu voler aux cieux?

浮士德：

啊，回憶！

啊，我顫動的靈魂！

欲乘著詩歌的羽翼

飛向天際？

 註記

德國作家哥德的作品
《浮士德》自發表以來，
即為劇作家、作曲家所
鍾愛的文本，其中以法
國作曲家白遼士的歌劇
《浮士德的天譴》最為膾
炙人口，也是比較常被
表演、討論的版本。

魔鬼梅菲斯特告訴浮士
德博士，他可以帶領他
實現夢想、穿越世界的
領空，只要相信他，博
士可以不用自殺了。

在匈牙利平原上，陽光
燦爛掃去多天陰霾，冬
去春來，依舊不能掃除
浮士德鬱悶的心情；此
刻，該不該跟魔鬼交換
靈魂。

這段歌詞頗像水瓶座不
顧一切，尋求救贖的精
神，也唯有創新的思
考，才能帶領水瓶子民
飛向新天地。

La foi chancelante

Revient, me ramenant

La paix dex jours pieux,

Mon heureuse enfance,

La douceur de prier,

La pure jouissance

D'errer et de rever,

Par les vertes prairies,

Aux clartés infines

D'un soleil printemps!

動搖的信念

又重新浮現，將我帶回

往日虔誠的平靜、

15世紀馬雅時代阿茲
特克族的美術，以松
綠石以及貝殼創作的
雙頭蛇。

快樂的童年、
祈禱的純美
和徜徉於春天不盡的陽光裡，
在綠茵上
閒步、作夢的
單純喜樂！

O baiser de l'amour céleste
Qui remplissais mon coeur
De doux présentiments,
Et chassais tout désir funeste !
啊，天堂的愛之吻
曾將我心充滿
美好的預感
並驅逐一切
招致毀滅的慾念！

O Souvenirs !
O mon me tremblante !
Sur l'aile de ces chants
Vas-tu voler aux cieux
La foi chancelante
Revient, me ramenant
La paix dex jours pieux,
Mon heureuse enfance,
La douceur de prier,
La pure jouissance
D'errer et de rever,
Par les vertes prairies,
Aux clarts infines
D'un soleil printemps !
O baiser de l'amour cleste
Qui remplissais mon coeur
De doux prsentiments,
Et chassais tout dsir funeste !

希臘神話 Greek Mythology

奧林帕斯山眾神喜歡飲酒作樂的聲名遠播，傳說眾神喝酒時都由宙斯的女兒美少女西比擔任司酒的職務，但西比要出嫁了，奧林帕斯山缺了一位酒童。

喜歡變成各種動物來到凡間的宙斯，這次化作天鷹在特洛伊城外的山上盤旋，發現特洛依三王子葛尼美迪（Ganymede）俊美無儔，不論人間天上都找不這樣的美少年。

對葛尼美迪一見鍾情的宙斯，不顧一切將他擄到天上，並賜給他長生不老以及永遠年輕的生命，派他擔任奧林帕斯山宴會司酒的工作。

失去兒子的特洛依王則得到一匹天馬當做補償，曾經化成天鷹的宙斯將天鷹的形象變成天鷹座，葛尼美迪手中司酒的的瓶子就變成寶瓶座，也是水瓶座。

Signature Oil 相應精油

像風固定的循環飄送，也像血液如常的循環，這個陽中帶陰性的星座，在循環系統與神經系統上，需要特別注意異常現象，貧血、靜脈瘤、抽筋，或是痙攣都是。不喜歡被規範、束縛的水瓶，也讓人感到乖張或怪異；適時「妥協」是一種藝術。

In Spring 在春天～黑胡椒 Black Pepper～

對循環系統有良好作用的「陽性」溫暖精油。常因為冷熱不協調而抽筋的水瓶人，很適合用這一款精油來按摩。

In Summer 在夏天～丁香 Clove～

陽性治痛抗菌效果佳的精油。雖然丁香是強效刺激性精油，水瓶人在偏執之際，可以用薰香來驅趕陰鬱。

In Autumn 在秋天～月見草 Evening Primrose oil～

大部分製作成口服劑，可以當基礎油或直接當高血壓、心血管疾病的按摩油。這款油在循環系統上的效用，很適合水瓶，甚至可以買酊劑口服。

In Winter 在冬天～洋茴香 Aniseed～

香料類陽性精油，含醚量高，放鬆效果也好。它讓人放鬆的功效，很適合常抽筋的水瓶。

Blackpepper

黑胡椒

他喜歡觀察日常事務的運作，最著名的一幅畫是＜舞蹈課＞，當然在一千五百幅作品中，巴黎歌劇院的芭蕾舞伶的作息，是他最關注的焦點。印象派大家竇加以各式各樣的芭蕾舞伶的日常生活作息為題材，傳達他對事物與事務之間，循環不息也生生不息的觀點。

＜在芭蕾舞之前＞一群舞者在休息室提腿準備，另一批人在休息；＜舞蹈課＞則是表演過後的寂然，舞伶在按摩僵直的腿。

有人說它是芭蕾舞伶的專屬精油，但它更輝煌的紀錄卻是與肉桂、丁香一樣，胡椒是引起海洋探險風潮的香料之一，在四千年前的中國與印度就已經有使用胡椒的記載，中國人不但拿它當烹飪的香料，更把它當作藥材；據記載羅馬人向匈奴人贖回羅馬城的條件之一就是胡椒，可見亞洲人對胡椒的愛好。

而從拉丁文的胡椒有「印度香料」的意思，就知道印度人使用胡椒的時間有多長，印度人以它來治療霍亂和瘧疾。

希臘羅馬人知道胡椒可以當退燒劑，土耳其人更視胡椒為重要的經濟作物，商業規模頗大，是主要的交易物資。十六世紀開始的歐洲人，掀起一波波海洋探險熱，多少人為它揚帆出海，當時的歐洲人就知道它可以治療泌尿系統的疾病，像尿道炎。

特質

　　胡椒有白胡椒、黑胡椒、綠胡椒，拿來萃取精油的是曬乾的黑胡椒果實，它的氣味比較濃重且含油脂量較高。它雖刺鼻辛辣但是一款很溫暖，且具催情效果的精油。因爲它的刺激性，使用劑量務必要低。

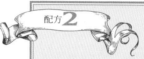

配方 2

功用 消除肌肉疼痛

使用方式 按摩疼痛部位

材料與精油劑量

甜杏仁油*5ml*＋小麥胚芽油*5ml*＋黑胡椒3滴＋芫荽2滴＋薰衣草1滴

配方 1

功用 刺激血液循環以及排除體內積水

使用方式 按摩全身

材料與精油劑量

甜杏仁油*10ml*＋杏桃仁油（Apricot Oil）*5ml*＋黑胡椒4滴＋薰衣草2滴＋迷迭香2滴

Clove

丁香

Summer

一天，穆罕默德一直在打瞌睡，頭點著點著就快睡著了，他的天使加布利爾適時地奉上一杯煮好的咖啡，濃郁的咖啡香大大地振奮了穆罕默德，讓他精神百倍，不但降服了四十個武士，而且還讓四十位女孩快樂一番。

雖然不知道加布利爾給穆罕默德喝的是哪一種咖啡，不過咖啡讓人精神百倍的故事還不只這一椿。相傳衣索比亞高地一位叫柯迪的牧羊人，當他的羊兒在無意中吃了一種植物的果實後，顯得神采飛揚活力充沛，咖啡因此被發現。

咖啡雖然在非洲被發現，卻是阿拉伯人將它發揚光大。阿拉伯人將整顆咖啡果實含在嘴裡咀嚼，以吸取其汁液；也把磨碎的咖啡豆與動物的脂肪混合，當成旅途中補充體力的乾糧。

十六世紀荷蘭航海家將咖啡帶到爪哇，是第一個將咖啡移植成功的案例，也出產了聞名於世的爪哇咖啡，因此咖啡有另一個名字叫「爪哇」；在這個熱帶地區以及周圍的島嶼，像有「香料群島」之稱的摩鹿加群島，似乎是香料、咖啡、香草植物的天堂。

有一種香料跟咖啡很像很能振奮人心，它是傳說中能治眼疾的丁香，在佛經中它也是消除倦怠、昏沉的香料；道場中經常以它來消毒、清潔環境。在荷蘭人還沒有找到香料群島，還沒有將丁香樹砍伐殆盡前，這些熱帶島嶼的人們從不爲傳染

病所苦，就像個快樂天堂。

　　荷蘭人帶來咖啡帶走丁香，一如丁香會腐蝕皮膚也能鎮

靜止痛。

特質 character

　　雖是桃金孃科植物，以它的花蕾所萃取出的精油，卻有刺激的香料

味，讓人有溫暖、愉快的感受。但是以葉子或樹枝萃取的精油，則會讓人感

到乾乾的刺鼻味。此款精油宜低劑量使用，並避免用於薰香，也不宜直接碰

觸到皮膚。

配方 **1**

功用 舒緩牙痛

使用方式 敷在牙齒疼痛處

材料與精油劑量

棉花球＋丁香1至2滴

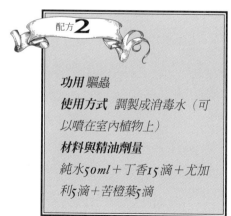

配方 **2**

功用 驅蟲

使用方式 調製成消毒水（可

以噴在室內植物上）

材料與精油劑量

純水50ml＋丁香15滴＋尤加

利5滴＋苦橙葉5滴

Evening Primro

月見草

您怎麼能夠買賣穹蒼與土地的溫馨？多奇怪的想法啊！假如我們並不擁有空氣的清新與流水的光彩，您怎能買下它們呢？

假如不能聽到夜鷹孤寂的叫聲，或是夜晚池畔青蛙的爭鳴。那會是怎麼樣的生活呢？……印地安人喜歡微風拂過池面的輕柔細語，以及午後陣雨所洗淨、或是被矮松所薰香的風的味道。

《西雅圖酋長的宣言》

Autumn

向晚時分，她漸漸轉醒，伸展四肢；並不是因為太懶散而遲至日暮時分才甦醒，而是白天烈日灼身，在這片廣袤的土地上，無處可躲。一直以來，她的先祖們都是這樣晝伏夜出，所以人們給她個美麗的名字「晚櫻草」，或者「晚星」，也有叫她「處女之光」以及「夜佳麗」；後來，最常被稱呼的卻是「月見草」，因為這個名字經過風的耳語，飄洋過海廣為流傳。

最早最早以前，那位驍勇的印地安戰士以她來撫慰傷口，多麼神聖的任務啊！也因為這樣，她知道自己生來的任務與價值，可是有位少女告訴她，即便她不能做些什麼，只是靜靜地在日暮餘暉中等待晚風的到來，就已足夠。

特質

　　被當作刺激荷爾蒙前趨物聖品的GLA，在月見草中含量頗高，也容易為人體吸收，因此被製作成保健藥丸。在芳香療法的使用上，它可以當基礎油使用，也可以直接拿來按摩風濕性關節炎部位或靜脈曲張。因為它容易氧化，買膠囊丸可以保存比較久。

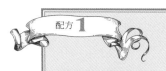

配方 **1**

功用 抗溼疹
使用方式 抹擦患部
材料與精油劑量
月見草油*10ml*＋羅馬洋甘
菊*2*滴＋薰衣草*3*滴

配方 **2**

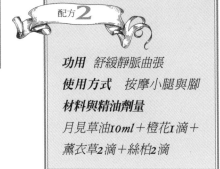

功用 舒緩靜脈曲張
使用方式 按摩小腿與腳
材料與精油劑量
月見草油*10ml*＋橙花*1*滴＋
薰衣草*2*滴＋絲柏*2*滴

Aniseed

洋茴香

男人的苦艾酒；女人的慕斯塔。

　　慕斯塔，普羅旺斯人的茴香酒。羅馬時代開始，浪漫熱情的羅馬人盛讚洋茴香的催情功效，把它拿來當成糕餅食材，取名「**Mustaceus**」，喚它「慕斯塔」，極好。

　　希臘人比較實際，將它當作幫助消化的藥草。的確，它對消化道有極度的鎮定作用。因為希臘人的實際，各式各樣的洋茴香麵包就出爐了；羅曼羅蘭的《約翰克里斯多夫》裡就有一段描寫洋茴香麵包：

　　　　彷彿是萊茵菜的展覽大會，那是一種本色的，
　　保存原味的烹調，用著各式各種草本香料，濃醇的起
　　司，作料豐富的湯，標準的清燉砂鍋，龐大無論的鯉
　　魚，酸鹹菜燒醃肉，全鵝，家常餅，洋茴香麵包是最華
　　麗的……

Winter

特質

　　洋茴香麵包大家都需要，不過洋茴香精
油對會缺血的、消化功能不好的胃，的確有
效。它可以當輕微的麻醉藥，止痛效果好。唯
刺激性高，宜低劑量使用。孕婦、幼兒，以及
癲癇患者，忌用。

配方 **1**

功用 治胃脹
使用方式 按摩肚子
材料與精油劑量
甜杏仁油10ml＋洋茴
香2滴＋橘子2滴

配方 **2**

功用 放鬆、舒緩神經
使用方式 薰香
材料與精油劑量
薰香燈＋洋茴香2滴＋橘子
1滴＋薰衣草1滴

Pisces
雙魚座

02/20～03/20

驚蟄

三方：轉動宮

四正：水象

角色：他是一位藝術家。

大海中，我們流動。

象徵 *Symbol*

日期 *Date*

02/20～03/20

驚蟄，大地復甦，「雷鳴動，蟄蟲皆震起。」

主宰行星 *Planet*

木星（Jupiter）、海王星（Neptune）。海王星的守護神是希臘神話中的海神波賽頓，祂是宙斯的另一位兄弟，掌管海界。手拿三叉戟，騎白馬駕駛的黃金戰車。祂在羅馬神話中的名字是「Neptune」，海王星的拉丁名起源於此。波賽頓是一位重要的奧林匹斯神，祂不但是科林斯（希臘歷史上的名城）的保護神，也是許多大希臘地區城邦國的守護神。

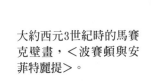

大約西元3世紀時的馬賽克壁畫，＜波賽頓與安菲特麗提＞。

文學表述 *Narrative*

Das Veilchen

by Johann Wolfgang von Goethe, 1749-1832

紫羅蘭　哥德

Ein Veilchen auf der Wiese stand,

Gebückt in sich und unbekannt;

Es war ein herzigs Veilchen.

Da kam eine junge Schäferin

Mit leichtem Schritt und muntrem Sinn

Daher, daher,

Die Wiese her, und sang.

一朵紫羅蘭開在原野中，

無人知曉，

一位女孩踏著輕盈的腳步，

邊唱著歌邊走入花叢，

紫羅蘭心想，

若我是全世界最美麗的花朵，

她便會把我摘下，

事與願違，

女孩子一腳踏過紫羅蘭

Ach! denkt das Veilchen, wär ich nur

Die schönste Blume der Natur,

Ach, nur ein kleines Weilchen,

Bis mich das Liebchen abgepfückt

Und an dem Busen mattgedrückt！

Ach nur, ach nur

Ein Viertelstündchen lang!

毫無意識紫羅蘭的存在，

可憐的紫羅蘭被活活踩死，

可是紫羅蘭在最後一口氣時想

我是幸福的！

Ach! aber ach! das Mädchen kam

Und nicht in acht das Veilchen nahm,

Ertrat das arme Veilchen.

Es sank und starb und freut' sich noch:

Und sterb ich denn, so sterb ich doch

Durch sie, durch sie,

Zu ihren FüBen doch.

Das arme Veilchen!

Es war ein herzigs Veilchen.

畢竟是被她的腳踩過

唉，可憐的紫羅蘭，

一朵讓人心疼的紫羅蘭。

希臘神話 Greek Mythology

與摩羯座的故事同一個場景中，跳到河裏的並不只是潘恩，還有美神阿芙羅黛蒂（Aphrodite）以及他的兒子愛神厄洛斯（Eros）。

阿芙羅黛蒂一向將兒子管得很嚴，並且隨時帶在身邊，也常常使喚他做這做那。例如，她發現有一位被稱為這世界上最美的人普刻緒（Psyche），就設法叫兒子將他殺死，沒想到厄洛斯的箭不小心射中自己，反而愛上了普刻緒。

＜有魚池的庭園＞
約西元前1500年。

他們這次與眾神在河邊飲酒作樂，也是母子倆隨時在一起，泰風伸出魔爪時，阿芙羅黛蒂拉著兒子就往河裡跳，又怕兩人走散，就用絲帶將兩人的腳綁起來，變成兩條魚在河裏逃生。

後來宙斯就將這兩條魚拿到天上，變成雙魚座。

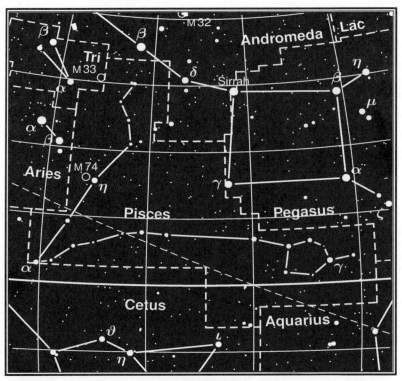

雙魚座的星圖。

Signature Oil 相應精油

來到陰陽合璧的雙魚，最後一站或者第一站，你該遁隱還是奮力一跳？這個有二元意象的兩條魚，就是神話故事中被媽媽抓住腳的那條魚，以及魚媽媽。腳、腳氣病，的確是雙魚外顯在身體上的疾病；腳力不佳，是含而內的精神渙散、無法集中的表現。「自信」需要堅持毅力來培養。

In Spring 在春天～薄荷 Peppermint～

薄荷種類繁多，都是揮發很快的陽性精油，有益於疲憊的心靈。它瞬間衝鼻的氣味，很能振奮雙魚。

In Summer 在夏天～紫羅蘭 Violet～

陰陽參半，平衡得非常好的精油。這款精油的氣味很能安撫不安的情緒，是雙魚所需。

In Autumn 在秋天～芹菜 Celery～

繖形科陽性精油，有很好的激勵作用。排水的功效，能讓雙魚的腳減輕負擔。

In Winter 在冬天～歐白芷 Angelica～

中性精油，有鎮靜效果，助眠。它有補氣的功效，對容易精神渙散的雙魚，可增加一些元氣。

Peppermint

薄荷

　　他連拐帶騙地，將農業女神的女兒波塞芬帶回地府當冥后；春神波塞芬青春洋溢、美麗非凡，不過吃了冥王黑地斯的三顆石榴，從此見不著親愛的母親、回不到風光明媚的大地；幸好有個不屈不撓的媽媽，才讓她有半年的時間可以回到地面，讓大地欣欣向榮。

　　風流成性的黑地斯又愛上了小精靈敏絲（**Minth**），雖然冥后被騙到地府，對冥王愛上小精靈還是怒不可抑，一日撞見冥王抱著敏絲，一氣之下將敏絲踩死，心生內疚的冥王不忍敏絲從此香消玉損，將她變成匍匐在地的薄荷。

　　希臘羅馬神話中的冥王真是女神殺手，偷拐搶騙，對心儀的女人從不手軟，養成他的這種習性，或許是沒有一個女人想要到暗無天日的地府與他廝守一生有關。早期的羅馬人，不但有美麗的神話，對香草植物也不陌生，羅馬人在筵席上帶薄荷花冠來解毒、歐洲人也很早就將它拿來製作香水，據說有催情的作用。不過拿薄荷來讓冥王醒醒腦，倒是不錯的建議。

　　冥王當然沒有因此而停止追逐，他又愛上了女神琉刻，還讓她變成白楊樹……。

Spring

特質

　　雙魚最需要的就是讓霧濛濛的眼睛，變得清明。薄荷種類雖多，但可以萃取精油的只有胡椒薄荷、綠薄荷，以及檸檬薄荷。它的清涼特質使其不宜拿來泡澡，以免發冷或是影響睡眠；此外它也有退乳、通經的效果，所以孕婦、哺乳媽媽，宜小心使用。

配方 **1**

功用 *振奮精神、消除頭疼、頭暈*
使用方式 *薰香*
材料與精油劑量
薰香燈＋薄荷3滴＋薰衣草2滴＋迷迭香2滴

配方 **2**

功用 *緩解流行性感冒引起的鼻塞、流鼻水*
使用方式 *蒸氣或薰香*
材料與精油劑量
熱水1盆（或蒸氣機）＋薄荷3滴＋尤加利2滴＋薰衣草2滴

Violet

紫羅蘭

六月二十一日，地球上最短的一夜，在香草森林中一群少年男女展開了一場仲夏夜的愛情追逐。

少女赫米亞與情人賴桑德準備私奔到城外森林，不幸被不受人愛的海倫娜發現，海倫娜暗戀著狄米垂，不巧狄米垂也愛上了赫米亞；四人在森林中互相追逐，正巧撞上爭搶新生嬰兒的仙王與仙后，一場愛情大戰，熱鬧地在森林中展開。

與仙后鬧得不可開交的仙王，命令精靈帕克收集奇花異卉製成媚惑之藥，偷偷點在仙后眼中，讓她一早起來會愛上第一眼看到的人；熱心的仙王發現了森林中的四角關係，也要帕克幫助他們。陰錯陽差地，讓不受人愛的海倫娜在帕克的媚藥遊戲中，反而成為被兩個男生追逐的對象。

有位調香師竭盡所能探求這款愛情的靈藥，據說他發現配方是紫羅蘭、茉莉與薰衣草，這三種花都是催情調香的最佳選擇。

唉，這場森林中的嬉戲與荒繆劇情，就是莎士比亞著名的喜劇《仲夏夜之夢》，戲雖然熱鬧有趣，卻也可以看出愛情的易變與盲目，一如劇中的名言：「愛情的道路從不平坦。」

情路艱難，紫羅蘭卻是回春的聖品，沒有愛情，永保青春卻也賞心悅目。

特質

　　紫羅蘭花形雖美，可是萃取精油的部位卻是在葉部。倍半爲酮類通常對免疫系統或瘤有特殊作用，紫羅蘭精油雖然開始被使用的時間並不長，但它對抗癌症的研究，最爲科學家所重視。

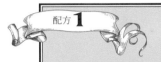

配方 **1**

功用 收斂毛細孔
使用方式 調製成護膚油按摩臉部
材料與精油劑量
玫瑰籽油10ml＋紫羅蘭2滴＋檀香2滴＋薰衣草1滴

配方 **2**

功用 緩解頭痛、失眠
使用方式 薰香
材料與精油劑量
薰香燈＋紫羅蘭3滴＋佛手柑2滴＋甜橙1滴

Celery
芹菜

一群文藝青年在布朗森林裡喧嘩爭論不休，詩人在朗讀有可能成為曠世鉅著的詩篇，畫家隨意塗鴉在牆壁上創作，以期能得到青睞；在這片林蔭深處，藝術家聚首的地方，也有人騎馬漫步，深思未受檢驗的人生。

法國導演歐塔‧依奧塞里安尼（Otar Iosseliani），想要解決孤寂的問題，他想著一個課題：「人貪求物質世界，但佔有愈多，愈感孤單。」因此有了＜月神的寵兒＞（Favourites of the Moon，1983），這個永恆而又嚴肅的話題，讓導演很傷腦筋，所以也就只以嘲諷待之，完成此片。

有一種蔬菜希臘人稱它「月亮植物」（selinon），因為男人們擔心酒醉和宿醉時，就會戴上用它做成的頭環，讓自己腦筋清醒一些，它是芹菜；不論做沙拉、水煮，還是當配料，它都氣味迷人，香氣四溢。

會在森林漫遊的男人，很容易宿醉未醒，嗯，各種森林都一樣。

Autumn

特質

　　任何振作精神的精油，雙魚都適宜。它以芹菜的種子蒸餾萃取，與大部分的香草類植物一樣，有敏光的特質，孕婦也不宜使用。它對肝功能或肝所引起的斑點可以發揮作用。

配方 1

功用 提振精神
使用方式 泡澡
材料與精油劑量
熱水1缸＋芹菜5滴＋
茴香3滴＋橘子2滴

配方 2

功用 美白去斑
使用方式 抹擦臉部
材料與精油劑量
乳膠15ml＋芹菜3滴＋檸檬
2滴＋羅馬洋甘菊2滴

※此配方調製的美白乳膏
宜夜晚睡前使用。

Angelica

歐白芷

讓僧人夢見它，那麼這場瘟疫將消散無蹤；它是歐白芷，你們就稱它「天使草」吧。一看它的名字就知道它有個美麗的傳說，安琪莉，天使的意思，在中國它叫當歸。

有位名為拉斐爾的天使，用歐白芷的根來幫助查理曼大帝解救感染瘟疫的士兵，自此它與瘟疫結下不解之緣。最有名的是「一六六〇年大瘟疫」，人們嚼它的種籽、燃燒它的根，來預防感染、淨化空氣，清潔環境。

稍後，更神奇的事發生了，一位英國植物學家叫尼可拉斯的說，「用它的汁液滴在眼睛或耳朵上，可以治療看不清楚的盲人及聽不見的聾人。」這個傳說一直流傳下去，我們終於明白為什麼它又稱「聖靈之根」。

現在，它用來舒緩神經、消除心靈壓力，是平衡身心失調的好精油。

Winter

特質

　　如果不能以刺激方式讓自己清醒，那就以靜心來讓自己安靜。歐白芷具有很好的鎮靜作用，但是購買精油時需特別注意其萃取的部位，應該買由種子萃取的精油，因根部萃取的精油不適合使用在皮膚上。它也是一款強效、敏光性精油，應該低劑量使用，孕婦不宜。

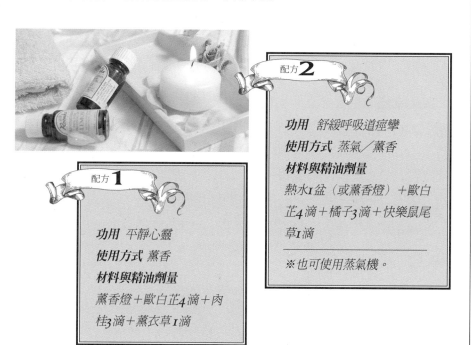

配方 2

功用 舒緩呼吸道痙攣
使用方式 蒸氣／薰香
材料與精油劑量
熱水1盆（或薰香燈）+歐白芷4滴+橘子3滴+快樂鼠尾草1滴

※也可使用蒸氣機。

配方 1

功用 平靜心靈
使用方式 薰香
材料與精油劑量
薰香燈+歐白芷4滴+肉桂3滴+薰衣草1滴

後記

　　這本書能夠出版，連我自己都覺得意外；它本來是報紙上一篇一篇，每個星期被編輯逼出來的稿子，散亂的程度可想而知。

　　這本書從第一篇文章到最後一篇，歷時三年餘，而我的興趣所在與知識涉獵，也變了不知道多少次，占星是我最新的興趣，芳香療法算起來，我使用精油已經有十年了。

　　能夠出版這本書是因為我突然對玄祕學發生興趣，我學占星、理解道家、神話、陰陽五行，以及逐漸不夠健康、勤練瑜珈，重新回頭認識生命的奧秘有關。所以開始用占星學的概念來統合一篇篇的植物精油文章，並用陰陽學的理論來切入，將星座與精油整合起來。

　　為什麼陰陽學可以將這兩個領域兜起來？回到《道德經》開宗明義所講的：「道生一，一生二，二生三，……一陰一陽之謂道……。」萬事萬物皆有陰陽，皆與五行相生相剋，星座是這樣，植物精油是如此，人的五臟六腑喜怒哀樂，皆如是。

　　例如，牡羊座是陽、金牛座是陰，十二個星座分別為六

個陰陽，玫瑰精油是陰性精油，薑精油是陽性精油，五臟是陰六腑是陽，它們各配置了五行的「金木水火土」，再用五行相生相剋循環不已的邏輯來理解，大約能夠知道純陽的牡羊座，大概容易有哪些身體上的、情緒上的問題，該用哪一些精油，多半是陰性精油可以降降他的火氣。

　　這只是一個粗淺的分類與舉例，感謝我的占星老師徐清原以及我的中醫師洪逸雲幫我審稿背書，在專業上給我指證。這本書更多的是我三年前開始寫專欄時，一時興起想到的故事，有些原就是植物的典故，或是與神話有關，或是與傳說有關，當然還有我思緒起伏的感想。

　　所以我該謝謝我的父母，用無盡的愛心包容他的小孩，從來不過問我有沒有賺錢有沒有成就，他們只關心我健不健康與快不快樂；只有在無限的包容中，才能從容寫就，隨意玩耍。

　　我也希望這本書是以讀來有趣為主，再有一點點實用的參考價值。

Gin Ciao

精油歸經

精油名稱	性味	歸經	精油名稱	性味	歸經
金合歡	肺、腎		芳樟葉	辛、溫	心、脾
羅勒	辛、溫	肺、脾、大腸、胃	薑	辛、溫	脾、胃、肺
艾草（蒿）	辛、溫、苦	入十二經	鳶尾花	苦、辛、平	
佛手柑	辛、苦、酸、溫	肺、肝、脾、胃	茉莉	甘、溫	肝
冬季香薄荷	辛、涼		德國洋甘菊	甘、苦、寒	肝、肺
橙		脾、胃	樟樹	辛、溫	心、脾
香薄荷	辛、涼	心、肺	松針	甘、苦、溫	
中國肉桂	辛、甘、熱	腎、脾、心、肝、胃	紅玉蘭	辛、溫	肺、胃
小茴香	辛、溫	脾、肝、胃、腎	馬鬱蘭	辛、溫	脾、肺
蒔蘿	辛、溫	肝、胃、腎	紅桔	辛、溫	肝
龍艾（龍蒿）		肝、脾、腎	薰陸香	辛、苦	心、腎
尤加利	辛、苦、平	肺	快樂鼠尾草	苦、寒	心、心包、肝
老鸛草	辛、苦、平	肝、大腸	肉豆蔻	辛、溫	脾、胃、大腸
玫瑰天竺葵	辛、苦	肝、大腸	沒藥	苦、平	心、肝、脾
（波旁天竺葵）			水仙花	苦、辛、寒	
葡萄柚	辛、苦、甘、涼		丁香	辛、溫	肺、胃、腎

精油名稱	性味	歸經	精油名稱	性味	歸經
苦橙	辛、酸、寒	脾、胃、大腸	乳香	辛、苦、溫	心、腎
甜橙	辛、酸、寒	脾、胃、大腸	牛膝草	辛、涼	肝、腎、膀胱
廣藿香	辛、苦、溫	脾、肺、腎	雪松	苦、甘、溫	
歐芹		肝、心、脾	錫蘭肉桂	甘、辛、熱	心、肝、脾、腎
黑胡椒	辛、熱	胃	檸檬	辛、苦、酸、溫	肝、脾、肺
迷迭香	辛、溫		絲柏	甘、平	肝、腎
鼠尾草	寒、苦	腎	土木香	辛、苦、溫	三焦、肺、肝、脾
茴香	辛、溫	肺、腎	馬鞭草	苦、寒	肝、脾、膀胱
西洋耆草	辛、苦	心、肺、胃、脾	赤素馨	辛、溫	肝
苧茱	苦、寒、甘、平		樟木	辛、熱	
安息香	辛、苦、平	心、肝、脾	琥珀	甘、平	心、肝
紅柑	辛、溫 肝		穗甘松	辛、甘、溫	脾、胃
茶樹	辛、溫		綠胡椒	辛、熱	胃
百里香	辛、溫	肺、胃	蓮花	甘、平	脾、胃、心、大腸
紫羅蘭	辛、苦、寒	心、肝			
松	溫	心、腎、大腸			

Beautiful life 09

精油與星座

作　　者／蕭秀琴(Gin Ciao)
插　　畫／日安菊子
美術設計／林家琪
責任編輯／何宜珍

發 行 人／何飛鵬
法律顧問／台英國際商務法律事務所　羅明通律師
出　　版／商周出版　城邦文化事業股份有限公司
臺北市中山區民生東路二段141號9樓
　　　　　電話：(02) 2500-7008
　　　　　傳眞：(02) 2500-7759
　　　　　E-mail：bwp.service@cite.com.tw
發　　行／英屬蓋曼群島商家庭傳媒股份有限公司
　　　　　城邦分公司
　　　　　臺北市中山區民生東路二段141號2樓
　　　　　讀者服務專線：0800-020-299
　　　　　24小時傳眞服務：02-2517-0999
　　　　　讀者服務信箱E-mail：cs@cite.com.tw
　　　　　劃撥帳號：19833503
　　　　　戶名：英屬蓋曼群島商家庭傳媒
　　　　　股份有限公司城邦分公司
　　　　　訂購服務／書虫股份有限公司
　　　　　客服專線：(02)2500-7718；2500-7719
服務時間：週一至週五上午09:30-12:00；
　　　　　下午13:30-17:00

24小時傳眞專線：(02)2500-1990；2500-1991
劃撥帳號：19863813 戶名：書虫股份有限公司
E-mail：service@readingclub.com.tw
香港發行所／城邦(香港)出版集團有限公司
　　　　　香港 灣仔 軒尼詩道235號 3樓
　　　　　電話：(852) 2508 6231或 2508 6217
傳眞：(852) 2578 9337
馬新發行所／城邦(馬新)出版集團
　　　　　Cite (M) Sdn. Bhd. (45837ZU)
　　　　　11, Jalan 30D/146, Desa Tasik,
　　　　　Sungai Besi,57000Kuala Lumpur, Malaysia
　　　　　電話：603-90563833
　　　　　傳眞：603-90562833
　　　　　E-mail: citekl@cite.com.tw
印　　刷／鴻霖印刷傳媒事業有限公司
總 經 銷／農學社
　　　　　電話：（02）2917-8022
　　　　　傳眞：（02）2915-6275

行政院新聞局北市業字第913號
■2006年（民95）10月初版
定價280元
著作權所有，翻印必究
ISBN 978-986-124-629-1
Printed in Taiwan

國家圖書館出版品預行編目資料

精油與星座／Gin Ciao 著. ──初版.──臺北市：商周出版：家庭傳媒城邦分公司發行，
2006〔民95〕面； 公分.ISBN 978-986-124-629-1（平裝）1.占星術 2.芳香療法 3.植物精油療法
292.22　　　　　　　　　　　　　　　　　　　　　　　　　　　　　　　　95005151

商周出版

104台北市民生東路二段141號2樓

英屬蓋曼群島商家庭傳媒股份有限公司　城邦分公司

請沿虛線對摺，謝謝！

商周出版

書號：BB7009	書名：精油與星座	編碼：

 **商周出版**

讀 者 回 函 卡

謝謝您購買我們出版的書籍！請費心填寫此回函卡，我們將不定期寄上城邦集團最新的出版訊息。

姓名：_____

性別：□男　　□女

生日：西元 _____ 月 _____ 日 _____

地址：_____

聯絡電話：_____　　　傳真：_____

E-mail：_____

職業：□1.學生 □2.軍公教 □3.服務 □4.金融 □5.製造 □6.資訊

　　　□7.傳播 □8.自由業 □9.農漁牧 □10.家管 □11.退休

　　　□12.其他 _____

您從何種方式得知本書消息？

　　　□1.書店□2.網路□3.報紙□4.雜誌□5.廣播 □6.電視 □7.親友推薦

　　　□8.其他 _____

您通常以何種方式購書？

　　　□1.書店□2.網路□3.傳真訂購□4.郵局劃撥 □5.其他 _____

您喜歡閱讀哪些類別的書籍？

　　　□1.財經商業□2.自然科學 □3.歷史□4.法律□5.文學□6.休閒旅遊

　　　□7.小說□8.人物傳記□9.生活、勵志□10.其他 _____

對我們的建議：

_____

_____

_____

_____